求同存異×幽默自嘲×表情輔助，
給彼此理解時間，停止互相傷害，增加合作成功率

反擊暴力溝通

用溫柔堅定的表達
重建友善對話

陳玉新 著

樂律

不想和對方爭辯所以敷衍了事，
其實也是一種羞辱；
虛情假意的讚美，比當眾批評還要更讓人難堪！

「好好好，你說的都對！」

「這麼厲害真不像你。」

每個人都可能正在「暴力溝通」卻不自知，
讓我們一起發現並改變溝通中的「隱藏地雷」！

目錄

序　對暴力溝通說「不」！

第一章　你是在溝通，還是在發洩表達欲

014　請停止你的暴力溝通
　　　——你能侃侃而談，卻完全不會溝通

019　暴力的溝通，必然面對粗暴的拒絕
　　　——被人拒絕的根源在於你的暴力溝通

025　言語的暴力，會讓人聯想到你的人品
　　　——所有的誤會，都是因為溝通不暢

031　溝通不是獨唱，要尊重對方的表達欲
　　　——溝通的重心絕不是爭奪話語權

037　如果說話大聲就有理，那用喊的就可以了
　　　——用音量和音調營造的氣勢，對於溝通沒有幫助

043　口服的人，心裡一般都不服氣
　　　——想要說服對方，就不要討嘴上便宜

048　大部分的溝通障礙，都出在態度上
　　　——反暴力溝通是技巧，更是態度

目錄

第二章　暴力溝通的表現

056　彪悍的人生也需要解釋
　　　── 沉默更多時候會讓人理解為傲慢

060　「你說的都對」，潛臺詞是「你說的都不對」
　　　── 敷衍的首肯其實是不屑

067　「批評者」的標籤一旦貼上就很難摘下來
　　　── 批評是最暴力的語言

074　你的「我以為」是愚蠢的代名詞
　　　── 以自我為中心很讓人厭惡

080　不是每個人都願意當你的「垃圾桶」
　　　── 帶著情緒說出的話都是「暴力垃圾」

087　喜歡插話的人，一般都沒什麼腦子
　　　── 頻繁打斷別人不僅暴力，而且還沒水準

093　不認真的讚美，聽起來怎麼都像罵人
　　　── 比暴力批評更傷人的是暴力讚美

100　別爭了，溝通中沒有「金話筒」
　　　── 溝通不是辯論，沒必要爭奪話語權

第三章　反暴力溝通的 6 原則

108　內心溫暖，語言自然動聽
　　　── 消除語言霧霾，讓溝通充滿愛

113 你要給別人理解你的時間
　　——讓你的溝通不缺乏耐心

117 直白的實話永遠勝過刻意的謊言
　　——不刻意說謊應該成為你的風格

123 反暴力溝通，聽往往比說更重要
　　——要時刻重視傾聽的力量

129 反暴力溝通，要用好你的眼睛
　　——開啟心靈的窗戶去溝通

136 你的善意，應該用身體表達出來
　　——肢體語言，化解語言暴力的得力助手

142 把你的情感在臉上「寫」出來
　　——用面部表情表達你的情感

第四章　如何控制溝通中的暴力事件

148 你的拒絕，必須帶點「同意」
　　——暴力的拒絕是傷人的利器

152 有分歧，也不一定要硬碰硬
　　——求同存異是防止暴力溝通的好方法

157 好好說話，別動不動就談道德
　　——別在道德上對人上綱上線

目錄

162　冷酷地要求，只會遭到更多人的白眼
　　　—— 說點甜言蜜語並不掉價

166　「豆腐心」很好，但要謹防成為「刀子嘴」
　　　—— 存善心也不能說「惡語」

173　飯可以亂吃，話不能亂說
　　　—— 說話之前先動腦，避免「拿起嘴來就說」

179　溝通是場戲，但絕不是獨角戲
　　　—— 不要只顧著自己過癮，溝通不是獨角戲

185　出錯不是錯，抱怨才是錯
　　　—— 面對一個愛抱怨的人，如何進行有效溝通

第五章　實踐反暴力溝通的方法

194　「對，你說的我聽懂了！」
　　　—— 傾聽，並及時回饋

200　「你說得對，我們應該這樣去做！」
　　　—— 換個角度，替對方說句話

208　只要能把話說清楚，讓對方一步也無妨
　　　—— 給別人一個解釋的餘地

214　「我覺得你說得有道理，你再進一步講講！」
　　　—— 順水推舟，把話題扔給對方

220 　嘴上抹點蜜，對方沒脾氣
　　　　——你的嘴越甜，對方被尊重的感覺就會越強烈

225 　見什麼人說什麼話
　　　　——不同的溝通對象，不同的溝通方法

230 　讓人發笑，溝通就成功了一半
　　　　——幽默是溝通中的萬能鑰匙

第六章　怎樣化解他人的語言暴力

240 　以暴制暴，只會助長暴力
　　　　——面對他人的暴力溝通，要機智應對

244 　時機對了，不用跳進黃河也能洗清
　　　　——解釋要懂得尋找時機

249 　沉默不尷尬，沒話找話才可怕
　　　　——應對僵局要有所準備

255 　當你面對嘮叨的「祥林嫂」
　　　　——嘮叨沒完的人，果斷拒絕是唯一的方法

261 　不用你取笑我，我先取笑我自己
　　　　——面對嘲諷，懂得用自嘲來應對

267 　反暴力溝通，就是要找準「興趣點」
　　　　——並不是所有溝通都能說到對方的心坎上

目錄

序
對暴力溝通說「不」！

在人際交往之中，溝通是必不可少的重要環節，溝通的好壞影響著人際關係的好壞。

對於大多數人來說，溝通在他們眼中卻並不重要，在他們看來，溝通這件事只要語言對路就能進行下去，沒有什麼困難可言。實際上，溝通並不簡單，在難度上甚至要遠遠超出大多數人的想像。

大多數人不僅對溝通存在一定的誤解，對暴力也存在著或多或少的誤解。「暴力」這個詞表面意思很好理解，從法律意義上，暴力是指用武力或者人身攻擊的方式造成的紛爭。而從哲學的意義上，暴力則是指不同階級對抗時使用的一種強制力量。

在溝通中的暴力始終沒有明確的定義，因此溝通中的暴力，或稱暴力溝通，始終沒有被人們重視。隨著社會分工的明確，人與人之間的連繫越來越緊密，連繫的產生在相當程度上需要依靠溝通。正是這個原因，溝通開始逐漸走入人們的視野。

溝通之所以得到了重視，是因為越來越多的人需要透過溝通來獲得金錢、地位和名譽。很多時候，簡單的幾句話就能夠談成一筆大生意，創造一筆大財富。人們普遍認為「平地起高

序　對暴力溝通說「不」！

樓」的第一步是打地基，但實際上，「平地起高樓」的第一步卻是溝通。

隨著溝通重要性的普及，溝通中的問題也逐漸開始爆發出來。而解決這些溝通問題的書籍則成了拯救溝通的重要法寶。

溝通中的問題很多，用「暴力」這個詞卻基本可以概括。「暴力溝通」與「溝通暴力」說的都是一回事，但其內容卻並不是用一句話可以講清楚的。暴力溝通的表現多種多樣，有表達方式上的問題，又有傾聽方式上的問題，同時還包括表達的語句、用詞、時機等內容。

這裡我們說的暴力溝通只局限在語言或非語言溝通中的暴力行為，並不包括動用武力。雖然在暴力程度上比不上動用武力，但在實際影響上卻要比動用武力嚴重得多。暴力溝通破壞的不僅僅是這一次溝通過程，它破壞的是人與人之間的交際關係。

暴力溝通會讓人與人之間的交往產生隔閡、障礙，進而會影響到個人的生活和工作。暴力溝通行為的根源往往是一個人錯誤的生活習慣和溝通習慣，如果不嘗試去掌握一些方法和技巧，這種錯誤的習慣很難改變。

沒有人喜歡在溝通過程中使用暴力語言，但很多時候，習慣使然，人們會不自覺地做出暴力溝通的行為。大多數暴力溝通都發生在溝通雙方不自覺的意識之中，因為他們根本不知道自己的行為就是一種暴力溝通的方式。但實際上，在做出暴力

溝通行為的同時，他們就會覺察到自己已經給對方造成了傷害。

針對「暴力溝通」的一系列問題，我們推出了這本書。

這本書減少了心理學理論上的敘述，更多用生活中的常識性例子來引匯出反暴力溝通的原則、表現和技巧。之所以這樣來寫，主要是為了讓讀者能夠更容易理解暴力溝通各種表現的同時，更容易掌握反暴力溝通的各種方法。

在章節架構上，本書不僅充分分析了暴力溝通產生的原因和具體表現，同時著重介紹了反暴力溝通的原則和技巧。在具體的內容安排中，本書選用了大量在生活中經常出現的暴力溝通事例，透過對事例的分析，為讀者展現出在不同溝通情境中的反暴力溝通技巧。

相比於純理論性著作，本書更加注重於實用性。即使是此前沒有接觸過溝通方面書籍的讀者，在拿到這本書時也可以迅速理解，對於其中講述的暴力溝通行為的表現有一個充分的認知，對反暴力溝通的6個原則能夠瞭然於心。更重要的是，能夠分辨出在何種情境下應該使用何種技巧。

想要做到反暴力溝通並不難，但難就難在對每一個溝通情境都有一個清楚的認知。在何種溝通情境中應該認真傾聽，少說廢話；在何種溝通情境中應該及時回饋，讓話題延續。這些都是溝通中的關鍵點，同時也是溝通中的難點。

本書要講的正是這方面的內容，立足於溝通情境，摒除暴

序　對暴力溝通說「不」！

　　力溝通行為，追求反暴力溝通。可能在具體的溝通表現上並不會出現太大的改變，但僅僅是小小的一點變化，就會讓溝通行為的性質發生根本的改變。

　　暴力溝通和反暴力溝通之間有一條線，這條線是死的，但溝通雙方卻是活動的。掌握好溝通的技巧，才能讓自己不觸線，才能讓溝通更有效。

　　正如沒有人喜歡暴力一樣，也沒有人喜歡暴力的溝通行為。學會認清暴力溝通行為，掌握反暴力溝通的技巧和方法，讓我們對暴力溝通說「不」！

第一章
你是在溝通，還是在發洩表達欲

第一章　你是在溝通，還是在發洩表達欲

請停止你的暴力溝通
—— 你能侃侃而談，卻完全不會溝通

> **反暴力溝通箴言**
>
> 　　真正的口才不是滔滔不絕地說，真正的溝通也不是讓對方啞口無言，溝通的目的是讓雙方達成共識。有很多人，無論在什麼場合都能口若懸河，但他們其實並不懂得什麼是溝通。

　　年長一些的讀者如果長期關注演藝圈的話，應該還會想起這樣一幕，這一幕發生在某年的金馬獎頒獎禮上，事情的主角是兩位娛樂圈大老，一位是當紅男藝人，一位是天后級女歌手。

　　在頒獎的時候，按計畫兩個人是要進行一下簡單的交流的，以便活躍現場氣氛。只見兩個人走上臺之後，男藝人開啟手中的信封，一邊開啟一邊嘟囔，內容是自我調侃剛剛被提名卻沒有拿到獎。

　　這種開玩笑式的調侃是再正常不過的了，然而，女歌手的回應卻讓人有些難堪。只見女歌手一臉嚴肅地說：「我覺得難過歸難過，獎還是要頒，你也不是第一次受這種打擊，對不對。」接著就哈哈大笑。

　　男藝人頓時愣在了那裡，不知道該如何回應，好在他反應快，便趕快承認自己確實有過很多次這樣的經歷，接著立即調

侃說如果和女歌手一起演，說不定就會告別這個霉運，還調侃說，自己找了女歌手那麼多次，為什麼一直不和自己合作呢？

其實，對於這種調侃式的反問，女歌手可以有很多種回答，但她卻選擇了讓男藝人最難堪的回答，她直接指責男藝人撒謊，說對方根本沒有找過自己，弄得現場氣氛十分尷尬。

隨後又話鋒一轉很快轉換了話題，稱自己聽說很多人找女歌手拍電影，但她不想拍。

在這個場景中，女歌手和男藝人之前沒有矛盾，雙方私下裡關係還不錯。而且，女藝人這心直口快的性格也確實可以說是率真，然而，從說話的角度講，我們仍然要給她一個「負評」，原因就在於，她的溝通方式有問題，她這是典型的暴力溝通。

有人說：「不對呀，那場直播我記得，女藝人一直都是和和氣氣地說話，語調誠懇真摯，一點暴力的元素也沒有！」

其實，這是沒有弄懂暴力溝通的含義。暴力的詞彙只是暴力溝通的一個元素，就像態度、語調、語速、肢體語言一樣，這些都是暴力溝通的一種表現。一個人的溝通在不在暴力溝通範疇，並不僅僅依靠上面這些元素判斷。判斷一個人的暴力溝通，還有一些重要的標準。

第一，暴力溝通的第一個標準，同時也是最重要的標準就是，溝通者有沒有站在別人的角度考慮問題。

第一章　你是在溝通，還是在發洩表達欲

以這位女藝人為例，即便她那天的表現與暴力絲毫無關，但問題是，他這番話說出去之後，給男藝人和頒獎組織者會造成怎樣的影響。

在場的其他人不談，但給組織者和男藝人帶去的一定是負面的影響是毋庸置疑的。問題就在這裡，如果男藝人沒有能夠很好地處理這個問題，那麼丟人、尷尬的一定是男藝人和組織者了。

女藝人用自己「率真」的言語，把對方推到了一個尷尬的境地，這如果不是暴力溝通，還有什麼是暴力溝通呢？

第二，暴力溝通的另一個標準是，以自我為中心，以自我的需求為唯一考慮方向。

在一次全國性的頒獎典禮上，一個民間獎項的得主被邀請在臺上講話3分鐘，結果，這位得主從他開始參與這項活動開始講起，一直講到他的大學，出社會，工作如何失敗，生活如何坎坷，這一套足足講了20分鐘。

當時的臺下不僅有很多重量級人物明星，更有很多年齡較大的官員，這些人悶坐在那裡，聽他語無倫次地滔滔不絕，主持人實在看不過去，幾次想要打斷他。

但無奈他太「執著」了，就是不肯下臺，最終主持人一咬牙，不顧現場效果，硬生生地直接把他拉下了臺。

在日常生活中，我們隨處能夠見到這樣的人，這些人說起話來沒完沒了，自己不說痛快決不罷休，從本質上講，這就是

以自我為中心所衍生出來的溝通暴力。

亞洲人講究禮儀，對於這種溝通暴力我們往往是心中生厭但沒有辦法，但直率的西方人則不管這麼多。

在世界上很多地方的頒獎晚會都有明文規定，一位獲獎者上臺發言不得超過多少秒，否則現場就會響起噓聲和鈴聲，**轟**他下臺，如果獲獎者還不下臺，那麼保安就會直接過來把他拉下去。

西方人就懂得，暴力的溝通一定要用暴力的行為進行反**擊**，就算要丟人，也要讓這位暴力溝通者先丟人。

第三，暴力溝通的再一個標準是，顧左右而言他。

學者正在就男女平等問題進行演講後的例行回答。

下面一位教授舉手請求提問：「這位教授，我注意到您提出了男女平權問題的經濟成本，我想聽一聽您關於這方面的研究數據和詳細數據！」

學者答道：「這位教授問得很好，平權問題的經濟研究我一直在做，我不僅在做這方面的經濟研究，還在做社會對於女性的經濟研究，就我看來，社會對於女性教育的投入，遠遠小於男性……」

在這個場景中，教授問了一個問題，但學者回答的卻是另外一個問題。顧左右而言他，逃避對方的問題，這也是暴力溝通的一種。

 第一章　你是在溝通，還是在發洩表達欲

　　這種暴力溝通，對於他人是一種另類的不尊重，更為關鍵的是，這種暴力讓人可以不用對他的言語負責任，進而倒推上去，可以讓人毫無顧忌地信口開河。

　　在我們日常與他人交往的過程中，我們總是佩服那些口才好的人，覺得他們口若懸河，在各種場合都能有話說。然而，如果你真的去了解他留給大家的印象，也未必一定是好的。

　　很多人能夠侃侃而談，很多人說出來的話聽起來頭頭是道，但就是沒有人喜歡聽他們的，沒有人覺得他們是個人才。相反，有些人語言能力不算太強，但卻總是能夠獲得他人的信服。這兩者的差距就在於，前者雖然侃侃而談，但卻完全不會溝通，後者雖然不太會說話，但言語中卻深諳溝通之道。

　　讀者可能不知道，「二戰」時那個依靠演講激勵整個英國的首相邱吉爾其實是個口吃患者，雖然不嚴重，但他一緊張就容易結巴。

　　就是這樣一個話都說不太俐落的人，卻透過一次次演講、一次次會面，激勵了無數的戰士、水手、官員、農夫、醫生……

　　所以說，強而有力的言辭，邏輯縝密的表達技巧，只是讓你的溝通錦上添花而已。而溝通真正的核心是，怎樣避免溝通過程中連你自己都忽略的言語暴力，從而用一種反暴力溝通的方式，獲得你身邊所有人的認可。

暴力的溝通，必然面對粗暴的拒絕
── 被人拒絕的根源在於你的暴力溝通

> **反暴力溝通箴言**
>
> 　　有些人往往詫異別人對自己的態度，覺得人生總有各種不期而至的敵意，他們不知道，敵意往往就源自他們的溝通暴力。

　　在樣貌上具有先天優勢的讀者應該都有這樣的經歷，就是在做很多事的時候，都能獲得對方的「特別對待」。

　　有些讀者應該也有這樣的經歷，那就是當你要拒絕一個人的時候，如果對方是一個樣貌出眾的異性，你往往會不好意思開口，並伴隨著輕微的負罪感。但如果對方樣貌一般，甚至令你生厭，你便不會如此。

　　喜歡樣貌漂亮的人，這是人之常情。當一個樣貌出眾的人出現在我們面前時，我們會在心裡對他產生好感，進而衍生出一種想要親近的潛意識。而拒絕對方，則會被潛意識認為是對親近關係的背叛，因而會產生負罪感。

　　這個道理的關鍵點在哪兒呢？如果你想要不被拒絕，不被粗暴地對待。那麼，你就要培養和溝通對象的親近感。

　　有些人說，樣貌是天生的，長得不好看，總不能真的跑去

第一章　你是在溝通，還是在發洩表達欲

整形吧？

　　整形雖然是一個很立竿見影的方式，但筆者並不推薦。因為在整形之外，我們還有其他不那麼「下血本」的方法，譬如：掌握一些良好的溝通技巧。

　　曾國藩是近代史家喻戶曉的人物，他內斂深沉、富有謀略，看人看事都可謂入木三分，因此雖然待人非常客氣，但卻很少有人能夠得到他發自內心的青睞。

　　有一次，曾國藩和幾位身邊人談事，在正事談完之後就開始閒聊，於是聊到了當時清朝幾位漢軍將領，曾國藩說：「如彭玉麟、李鴻章，我是不能與之相提並論的，我能夠自讚的，只有天生不喜歡奉承這個優點了。」

　　聽到這話，在場的一個人就說：「人各有多長，彭公威猛，人不敢欺；李公精敏，人不能欺。說到這裡這個人就說不下去了。」

　　曾國藩於是問他們：「諸位以為我怎麼樣呢？」

　　在場的人都不知道該怎麼回答，只能低頭假裝沉思。這時，忽然走出來一個管抄寫的後生，他說：「曾師是仁德，人不忍欺。」

　　大家齊聲拍手。曾國藩則十分得意，連說「不敢當」，但從此以後就對這個人另眼相看了。

　　曾國藩被後生那麼一讚，內心非常激動，不枉古人常說：

> 暴力的溝通，必然面對粗暴的拒絕
> ——被人拒絕的根源在於你的暴力溝通

知己難求。後生的這一句巧答，使得曾國藩在感情上和他親近起來。

有人說，別人是一面鏡子，照出你的樣子。這句話對於做人處世有點道理，我們怎麼樣對待別人，別人就會怎麼樣對待我們。

但在與人溝通上面，別人更像是一面哈哈鏡，他們照出的並不是真實的我們，而是我們在他們心中的形象。

有的時候，我們明明存善心，對他好，但卻發現對方對我們十分惡劣，這說明溝通技巧上出現了問題。

有的時候，我們明明沒有錯，但對方卻表現得好像我們欠了他的錢一樣，問題也出在溝通的技巧上。

你的溝通方式太過暴力，或者你在溝通時使用的語句、態度、腔調存在太多的暴力元素，這些都會為你在他人心中的惡劣形象埋下伏筆。而當對方需要對你進行評估進而決定某些事的時候，這些伏筆開始顯現出威力，然後你就被別人否定了。

某公司要進行內部遴選，透過綜合能力考核，最終確定了老張和老樂進入最後的提升名單。在確定提拔誰之前，主管想要做一個內部摸底考評，看一看兩個人的辦公室人緣。

能夠透過考核最後入圍，老張和老樂自然都不是等閒之輩，兩個人工作能力突出、資歷深厚，又都有過特別貢獻。所以，關鍵就要看誰在大家心中的形象好了。

第一章　你是在溝通，還是在發洩表達欲

老張一貫是一個老好人的形象，不算太好但也不壞。但老樂就成問題了，他特別喜歡開玩笑，自己覺得很幽默，但很多時候，都讓同事感覺到不那麼快樂。

所以，在替兩個人評分的時候，同事們就不免有了下面這樣的情況發生：

小王：「去年我爺爺得了腦血栓，老樂故意在眾人面前拿腦血栓的地獄梗逗我。」

老李：「老樂經常調侃我外語差，雖然說他語言能力強，還經常幫我，但也不能因為這樣就有優越感吧！」

……

就這樣，當大家回憶起老樂日常的點點滴滴時，對他的印象自然就差，而唯一的晉升名額也跟他無緣了。

老樂被大家拒絕，並不是他人品差，而是他留給大家的印象差。有些人可能會好奇，印象分難道不是由人品決定的嗎？其實不是的。

印象分是由人在日常交往中的點滴累積起來的，在這個過程中，與人溝通中的表現所占的比重非常大。我們經常能看到這樣一些人，他們人品很好，但給人的印象很差，就像上面老樂那樣，不是壞人卻背負壞的名聲，原因就在於他的溝通。

有些稍微有點年紀的人應該有這種體會，你越是關心親戚家的某個小孩，你和他的關係就越不好。你越是想要了解一些

暴力的溝通，必然面對粗暴的拒絕
——被人拒絕的根源在於你的暴力溝通

他的近況，他就對你越牴觸、排斥。你會認為是現在的孩子太不懂事了，但其實問題沒有出在孩子身上，而是你有問題。

你經常說一些孩子不願意說、不願意聊的話題，然後還要他津津有味地和你聊下去，孩子能高興就怪了。對你疏遠的孩子還算是有禮貌的，遇到沒有禮貌的孩子，乾脆直接甩臉子走人，當面就讓你下不來臺。

你用暴力的溝通讓孩子不高興，他用粗暴的拒絕來回應你，這是多麼理所應當的事情，你已經透過自己的行為在他的心裡為自己留下了一個惡人的形象！

但也有人會說，孩子的家長總不至於讓孩子心生怨恨吧，但為什麼很多孩子也拒絕和家長溝通呢？原因在於，暴力的溝通還會直接打斷溝通。

一個剛剛畢業出社會的大學生躺在沙發上，旁邊是他正在看電視的媽媽。

躺了一會兒，他嘆口氣說道：「唉！工作太無聊了，又累！」

媽媽扭過頭斜著眼看著他：「一天到晚喊累，你到底能成什麼事？你無聊，別人怎麼就不無聊！」

大學生看著媽媽，不知道該如何接口，只好起身回房間了。

這位媽媽就是使用暴力溝通的「高手」，她深諳結束話題之道，只用了一句話，就把孩子往下說的道路堵死了，孩子除了

023

第一章　你是在溝通，還是在發洩表達欲

離開也沒有什麼其他辦法了。

　　然而，可笑的是，這樣的媽媽還總是抱怨孩子不愛說話，不愛和自己溝通，真不知道她們是真糊塗，還是揣著明白裝糊塗。

　　那麼，一個擅長溝通的人應該怎麼做呢？筆者認為，即便沒有高深的技巧，他至少要保證話題能繼續下去。

　　孩子：「媽媽，我最近工作好無聊啊！」

　　媽媽：「對於你的工作，我確實不是十分了解，如果你願意的話，你跟我詳細說一說，讓我明白一下你的工作是怎麼個無聊法。」

　　在人際交往中，拒絕並不單指對某個人說「NO」，一些排斥的、疏遠的、負面的行為都可以被理解為拒絕。一個人如果總是習慣用暴力溝通的方式與別人打交道，那就要做好處處碰壁的準備，因為這個人的人生中將充滿了「被拒絕」。

　　想要改變這種方式也很簡單，只要試著讓自己的溝通更加科學，讓語言的暴力成分少一些，身邊的拒絕自然而然也就會慢慢消失了。

言語的暴力，會讓人聯想到你的人品
── 所有的誤會，都是因爲溝通不暢

> **反暴力溝通箴言**
>
> 　　世界上不存在不會說話的「好人」，也沒有會說話的「壞人」，好人和壞人都是別人心中的印象，而這種印象，往往就因為你的言語而形成。

　　曾經有這樣一位大學教授，因為在公開場合一次稍微顯得不謹慎的發言，遭到了大量網友的抨擊，更有網友將這位教授的言語與其人品連繫在了一起，因此一時間，只要網上出現這位教授的地方，幾乎都是罵聲一片。

　　然而在私底下，很多和這位教授接觸的人都說，教授本人其實是一個很不錯的人，對人真摯誠懇，對學生和手下人都很好，也很有責任心，無論是教書還是做研究的能力都很強。

　　就是這樣一個典型的好人，為什麼會成為網友心中的「惡人」呢？回顧一下這個過程，其實原因就出在了那次採訪上面。那次是一個關於政府是否應該為低收入家庭提供高品質的居住空間的討論。

　　主持人正在聽取一位網友抱怨政府提供的國宅的品質差，隔音效果不佳，而這位教授則作為嘉賓對問題進行分析，闡述

第一章　你是在溝通，還是在發洩表達欲

自己的觀點。

網友：「政府的國宅這樣偷工減料，讓窮人情何以堪！」

教授：「你說這個不對，首先，政府沒有偷工減料，其次，現在的國宅對於窮人來說還是太豪華了！」

網友：「您的意思是，窮人不應該住好房子嗎？」

教授：「這不是應不應該的問題，而是住不住得起的問題，窮人住不起，政府蓋得好了，窮人能住到嗎？」

網友：「您覺得我們窮人……」（被教授打斷）

教授：「你先不要說話，你先聽我說，在經濟學上，窮人和富人的需求彈性是不同的……」

網友：「不是，我就想說……」（仍然被教授打斷）

教授：「你不懂這其中的道理，我告訴你……」

別人想要說話，即便說出來的話可能不是我們願意聽的，我們也確實沒有意願把他的話聽完，那麼，有沒有更好的解決方式呢？

或者換一個角度思考，如果我們是節目裡面家境一般的網友，遇到了這位教授這樣的言語，我們回到後臺，會不會對教授產生「人品差」的想法呢？

從上面這個事例來看，教授在做這檔節目的時候，溝通的方式確實有點「討人厭」。網友們將一個「言語暴力」、「看不上窮人」的帽子扣到他的頭上，可以說並不算冤枉教授。

言語的暴力，會讓人聯想到你的人品
——所有的誤會，都是因為溝通不暢

然而，就這樣一個節目中的橋段，怎麼就演變成了他的「人品問題」呢？這是因為，言語在我們日常生活中有一個很重要的作用：塑造個人形象。

讀者應該能夠注意到這樣一個現象：我們身邊總有一些人，他們見人說人話，見鬼說鬼話，當面拍人馬屁也不臉紅，無論對誰都是一種自來熟的感覺。但就是這樣的人，很多人雖然心裡彆扭，但絕不會覺得他們人品差，只不過偶爾覺得他們有些圓滑而已。

而有些人，說話粗聲大氣，動不動就對別人用斥責的語氣說話，議論什麼問題，一定要聽他的，只要別人稍微與他意見不一致，那一定就是別人的立場有問題。這樣的人我們肯定很討厭，甚至會覺得他們人品有問題，雖然他們可能只是「刀子嘴豆腐心」，而本質並不壞。

也就是說，好好說話的人，即便人品不好，也會讓人先入為主地認為是好人。不好好說話，溝通中充滿言語暴力的人，即便人品好，也會讓人覺得他品質有問題。

一個好人，僅僅因為言語的暴力，就被人當作壞人來對待、防範，可以說是倒楣到家了，但在歷史上，這種倒楣蛋的例子卻比比皆是。

明朝倒數第二個皇帝叫朱由校，年號天啟，是個典型的昏君。他一生最喜歡做的事就是木匠工作，據說自己在皇宮裡做

027

第一章　你是在溝通，還是在發洩表達欲

出來的屏風都能達到工匠級水準。

天啟皇帝在剛剛登基的時候，正值東林黨勢大，朝廷裡正直能幹的大臣很多。然而這些大臣沒幾年工夫就失去皇帝的信任了，原因就在於他們太不擅長與皇帝溝通了。

比如：東林黨有個大臣叫文震孟，他有一次上疏皇帝，在奏章中這樣寫道：「皇上昧爽臨朝，寒暑靡輟，於政非不勤矣，而勤政之實未見也。鴻臚引奏，跪拜起立，第如傀儡之登場，了無生意。」

這句話的意思是皇上無論身體是否舒服、天氣是否合適，都從來不錯過朝會，然而，每次朝會也不過是走走過場，就像木偶一樣擺擺樣子，這樣的朝會，跟不朝有什麼區別呢？

要知道，文震孟上疏的時候，天啟皇帝還是個17歲的小孩，他之前並不認識文震孟是誰，陡然見到這樣一封「直言不諱」的奏疏，他怎麼可能對文震孟心生好感呢？

因此，即便文震孟是出於忠心，但也不免讓天啟皇帝在他身上烙下一個「奸猾」的印記了。

一次，唐玄宗因為科舉錄取的人數過少，感到很詫異。於是，他找來宰相李林甫詢問，為什麼國家不吸納人才？

李林甫這樣回答，那是因為皇帝大仁大德，登基以來招賢納士，所以滿朝大臣都是人傑，而民間已經再也沒有賢才了。

一句話，把唐玄宗和滿朝大臣都誇了一遍，可謂把好話說到

言語的暴力，會讓人聯想到你的人品
——所有的誤會，都是因為溝通不暢

了極致，而李林甫的真實想法卻是怕吸引人才威脅到自己的地位。

我們再來看歷史上一個有名的奸臣李林甫。李林甫是唐玄宗天寶年間的宰相，輔弼玄宗十九年，基本沒做過什麼好事。

但就是這麼一個奸詐的人，為什麼唐玄宗卻對他信任有加呢？有人說是唐玄宗糊塗，被李林甫矇蔽了。唐玄宗作為中興之主，在中國歷史上是有名的聰明皇帝，即便是晚年糊塗，如果李林甫表現出奸詐的一面，也不可能察覺不到。

而且，還有滿朝大臣在，如果他們意識到李林甫的奸詐，也是不可能放任不管的。有人說，滿朝大臣都被李林甫壓制住了。但要知道，按照唐朝的官員體制，李林甫剛剛當上宰相的時候，他也是沒有能力壓制大臣們的。

李林甫之所以能縱橫唐朝十九年，原因就是在很長一段時間裡，所有人都沒有發現他的奸詐，而大家之所以沒有發現他的奸詐，不是因為他不奸詐，而是因為他實在太會說話了。

一個這麼會說話的人，只要不做太多、太絕的壞事，在本性沒有完全暴露之前，在大家面前至少還是一個形象不錯的人。

好人因為言語暴力而成為「壞人」，壞人因為太會說話而成為「好人」，這便是溝通能力的差別所在。

所以說，言語的暴力很容易讓人聯想到你的人品，而你如果不想讓自己成為那個人品有問題的人，就一定要注意自己言語中的暴力元素。

第一章　你是在溝通，還是在發洩表達欲

那麼，怎麼樣注意言語中的暴力呢？或者說，一般言語中的暴力元素都有哪些呢？

角色元素

言語中的暴力很多展現在角色的錯位上，因為角色錯位，而產生很多暴力事件。譬如：把自己當作溝通中的「演說家」，把自己放在「批評者」的角色上，太過「以自我為中心」，把對方當作「小孩子」、「蠢貨」、「什麼也不懂的人」。

態度元素

言語中的很多東西都展現著一個人對溝通的態度，而態度上的言語暴力則是最令人敏感的，同樣一句話，在不同的態度下，說出來的效果往往是不同的。

言語暴力中的態度元素包括：聲音過大、過小，刻意保持沉默，隨意打斷別人說話，不注意傾聽別人，企圖在氣勢上壓倒別人，武斷地拒絕等等。

詞句元素

在溝通過程中，有些詞語是永遠不要說的，有些詞語則是在某些特定的環境下要避免說出口的，有些詞語是隻能對某些人說的。要是不注意這些，也會讓你的言語中充滿了暴力。

言語暴力中的詞句元素有：諷刺的詞句、帶有明顯感情色彩的詞句、帶有偏見和歧視的詞句、髒話和不合時宜的笑話等。

溝通不是獨唱，要尊重對方的表達欲
—— 溝通的重心絕不是爭奪話語權

我們每個人在生活中扮演的角色都不一樣，但有一點是可以肯定的，那就是我們當中幾乎沒有大奸大惡的人。

我們每個人都有點自己的小心思，有點小嫉妒、小自私、小麻木，這都是很正常的，甚至有些人有點小惡念都是可以諒解的。

然而，因為溝通技巧的差距，讓我們這些本來都是很複雜的人，卻被人簡單粗暴地分成了兩類，好人和壞人，對於有些人當然是幸運的，但對於有些人就很冤枉了。感覺到冤枉的人怎麼辦呢？方法也很簡單，就是多學習一些反暴力溝通的技巧。

溝通不是獨唱，要尊重對方的表達欲
—— 溝通的重心絕不是爭奪話語權

> **反暴力溝通箴言**
>
> 溝通的重點在「通」，只有雙方相互尊重，才能和諧溝通。爭奪話語權只會讓溝通變得矛盾重重。

在日常生活中，我們經常會見到這樣一些人。他們口若懸河、滔滔不絕，無論在什麼場合，無論對什麼話題，他們總會有很多見解，一說起來就沒完沒了。

 第一章　你是在溝通，還是在發洩表達欲

　　每當看到這些人的時候，很多人就會由衷地覺得：這個人口才真好！

　　但是，如果讀者們再仔細觀察就會發現，這些「口才好」的人，往往人緣都不是很好。人們雖然表面上對他們的口才表示讚賞，但背後往往會將「自私」、「太愛表現」、「武斷」、「不尊重人」這樣的標籤加在他們身上。

　　那麼，這些「口才好」的人冤不冤枉呢？如果他們一貫的表現都是這樣，那麼可以說他們並不冤枉。

　　讀者們可以在心裡記住，下次如果你遇到一個人，他無論在什麼場合都滔滔不絕，絲毫不給別人插嘴的機會，那麼你立刻就可以判斷這個人的性格，他一定是個不尊重別人的人，其實他沒有什麼本事，只會說空話。

　　有人會覺得這種判斷很偏頗。「不對吧！我看歷史上很多人都口才很好，現在不也要求成功人士有好口才、能表達嗎？遠的不說，就說現在的網路紅人，很多都是口才一流。」

　　當然，更有人可能還會舉例，比如：《奇葩說》（中國說話達人選秀節目）上的辯手，個個口若懸河，在生活中、工作中一個個的能力也十分出眾。

　　在一期《奇葩說》裡，顏如晶和邱晨互為辯手，雙方就一個性別專屬停車位是不是歧視的話題展開了爭論。

　　顏如晶：「按照你的數據統計，第一，其實男性駕駛技術分

溝通不是獨唱，要尊重對方的表達欲
——溝通的重心絕不是爭奪話語權

分鐘比女性還差？是嗎？」

邱晨：「嗯，出事故的機率會高很多。」

顏如晶：「對，所以你不否認我們需要有專屬停車位這個概念，但你覺得，男女方面可能，甚至我們可能放的不是女性專屬停車位，而是男性專屬停車位，是吧？」

邱晨：「不是，不是。我給大家舉一個香港真實的例子。」（顏如晶打斷）

顏如晶：「你別這麼多例子嘛！那就短平快，我們問的是，專屬停車位的這個概念對你來講其實不是歧視，只不過一靠上女性的時候，你才認為它是歧視，對吧？」

邱晨：「不是，我們認為就不應該在前面加上某一個性別，叫便利停車位……」（顏如晶打斷）

顏如晶：「就剛剛我那個意思嘛……」

上面這個例子裡，顏如晶的表達能力確實很好，也確實讓邱晨很「難堪」，節目也取得了不錯的效果。因此，可能在有些讀者看來，這樣的影片就會覺得「做人一定要有顏如晶那樣的口才」，但其實這是有問題的。

讀者需要明白一個道理，顏如晶表現得口若懸河、咄咄逼人，那是為了節目效果。也就是說，她那種表達方式是在特殊條件下的一種特殊需求，而如果告別了這個特殊環境，她立刻就能「換一副嘴臉」。

033

 第一章　你是在溝通，還是在發洩表達欲

不信，讀者可以看一看顏如晶參加的另一個節目《飯局的誘惑》（中國明星狼人殺訪談綜藝節目）。

在一期《飯局的誘惑》裡面，大家一起玩「狼人殺」這個遊戲。公開發言的時候，顏如晶想要表達個人的推理，此時主持人撒貝南和張大大出來打斷顏如晶，根本不給顏如晶反駁的機會，顏如晶就在一邊靜靜地聽著。而到了顏如晶發言的時候，又有人出來打斷她，她又耐心地聽完，等對方說完才開始反駁。

對比《奇葩說》裡面的顏如晶，相信有人會懷疑，顏如晶是不是喪失了語言能力，怎麼就從一個口若懸河的人變成了這樣，其實，這才是一個成熟的人應該有的溝通方式。

辯論，是一種特殊的溝通環境，雙方要達到的目的並不是說服對方，而是在氣勢上壓倒對方，因而，最擅長辯論的人一定是那個最會「唱獨角戲」，能夠把「獨角戲」唱得最大聲的人。

但是，大多數溝通都不是辯論，我們不能「唱獨角戲」。我們要像顏如晶那樣，充分尊重對方的表達欲望。

要知道，你想說話，對方比你還想說話，你有觀點，對方也有他的觀點。如果互不相讓，結果就是比大小聲、雞同鴨講。

一味地追求口若懸河，讓自己說個痛快，筆者有個形象的稱謂叫「演講體」。意思是，這種表達方式就像是一個人在演講一樣，他力圖成為整個溝通的中心人物，讓所有人的關注都放到自己身上。但是，這種角色是不應該出現在我們生活中的。

溝通不是獨唱，要尊重對方的表達欲
——溝通的重心絕不是爭奪話語權

　　如果一個人在生活中總是用這種「演講體」與你溝通，你肯定也會覺得「這人大概是有病」。所以，我們應該將這種滔滔不絕的「演講體」看作是溝通暴力。當你下一次想要用這種「演講體」時，先想一想，自己是不是也「有病」了。

　　保利娜是一家跨國公司的高階管理人員，主要負責人力資源方面的業務。她在公司九年了，每年的業績都是優等，原因在於她深諳與人溝通的技巧。

　　在從事基礎 HR 工作的時候，她保持的一項紀錄就是讓一個員工在她面前講了 43 分鐘的話，她一次也沒有試圖打斷對方。在對方如此冗長的發言結束之後，保利娜只用了一句話就解決了一切：「那麼，你還有什麼要說的嗎？」

　　「好了，我的心情現在已經好多了。謝謝妳保利娜，妳是一個不錯的 HR。」對方說完便轉身離開了。

　　對於這次有趣的經歷，保利娜說：「有的時候交流是交換意見，而有的時候交流則是找麻煩，避免麻煩的方式就是讓那些找麻煩的人把話說完，千萬不要試圖去打斷他，否則只會帶來更多的麻煩。當這些找麻煩的人把話說完之後，他也就沒有任何問題了。」

　　美國著名記者朵洛西・迪克斯（Dorothy Dix）說過：「成名的捷徑就是把你的耳朵而不是舌頭借給所有人。」

　　如果你不確定自己的語言是否充滿暴力，那麼最好的方式就是把話語權讓給別人。如果你確信自己的語言中沒有暴力，那

 第一章　你是在溝通，還是在發洩表達欲

麼，也不要過多占用話語權。要銘記，滔滔不絕的「演講體」，本身就是一種語言暴力。

當然，有些人說，語言暴力也不錯。哪怕在溝通時沒能夠說服對方，但只要學習諸葛亮舌戰群儒的口才，在氣勢上震懾對方、壓倒對方，不一樣能取得不錯的效果嗎？

然而，在筆者看來，這又是看事情不帶腦子的蠢人的想法。

讀者翻開《三國演義》看一下，當年諸葛亮舌戰群儒，他戰勝的是哪些人？是東吳的文臣，他可沒有去舌戰周瑜這樣的武將。

這是因為，諸葛亮這麼聰明的人，他明白群儒不是他要溝通的對象，他沒必要一個個去說服他們，他們是諸葛亮的辯論對象，諸葛亮只要在氣勢上壓倒這一群「東吳投降派」，給周瑜和孫權一個態度就可以了。

可是，到了周瑜這個他要說服的人的面前，他可就變得無比謙遜了。他不但樂於聽周瑜表達，還想辦法引導周瑜表達，這才是一個真正會與人溝通的人。

讀者們一定要記住，人是社會性的動物，大多數人都喜歡向他人表達自己，而說話就是最好的表達。

所以，給予人們快感的最有效的方法，就是充分尊重他們的表達欲望。如果我們從一個不善於傾聽的人變成了善於傾聽的人，就會發現，自己的人緣立刻變得好了起來。

當然，別人表達的時候，你也不能夠永遠保持沉默的狀態。適當的表態，是給予對方的鼓勵，對他的語言有所表示，會讓對方感覺到自己的話語是有價值的，進而更加覺得自己是被尊重的。

如果一個人感覺到你在尊重他，那麼你在他心裡的形象分無疑就會增加很多。在這個基礎上，你想要找他辦什麼事，或者做一些其他的事情，不就容易很多了嗎？

如果說話大聲就有理，那用喊的就可以了
── 用音量和音調營造的氣勢，對於溝通沒有幫助

反暴力溝通箴言

有時，大聲說話是一種不禮貌的行為，在溝通過程中，提高音量和音調並不會起到太大的作用。想要讓溝通變得高效，掌握一些反暴力溝通的技巧才是關鍵。

蔡少芬在接受媒體採訪的時候曾提到自己和老公張晉的相處之道。她提到自己和丈夫因為都需要拍戲，經常會出現聚少離多的情況。所以會很珍惜在一起的時間，可是即使這樣，也會因為一些生活中的事情出現小的爭吵，但她都能控制得很好。

蔡少芬說：「我很尊重自己的老公，有什麼事情會一起商

第一章　你是在溝通，還是在發洩表達欲

量，從來不會大聲說話來表達情緒，這樣可能會留下心結。」在教育子女方面，蔡少芬表示自己經常會因為女兒做錯事而懲罰她，但很少會大聲吼她，只是會在平時嚇一嚇她。

在蔡少芬看來，正是這種溫和溝通的方式，才讓自己獲得了現在這樣讓人羨慕的生活。

人與人之間的交往，溝通是一種最為常見的方式。在溝通過程中，每一個細節的展現都會影響到溝通的最終效果。大聲說話就是溝通中的一個重要細節，在一些特定的溝通情境中，大聲說話會對溝通起到一定的積極作用，但在絕大多數溝通情境中，大聲說話都被認為是一種不禮貌的行為。

事實上，想要用音量和音調的變化去達成溝通的效果是不現實的。在現實生活中，大聲說話是十分常見的現象，很多時候，不敢大聲說話往往會被認為是缺乏自信的表現。這種看法的存在有一定道理，但從根本上來說，大聲說話更多會表現為一種負面的情緒。

它不僅會給人一種咄咄逼人的感覺，同時還會讓人忽視說話者所說的內容，而過分去關注其說話的音量和音調。更多時候，大聲說話會打破原本和諧自然的溝通環境，對溝通造成不可挽回的後果。

一般來說，大聲說話的人往往具有一些共性的特點。了解這些共性的特點很重要，它可以幫助我們找到大聲說話的原

> 如果說話大聲就有理，那用喊的就可以了
> ——用音量和音調營造的氣勢，對於溝通沒有幫助

因，同時也可以找到一些合適的方法，幫助我們改掉大聲說話這種不好的習慣。

L小姐是有名的火暴脾氣，在與人溝通之中，大嗓門是她的特徵。情緒上來之後，她往往控制不住自己。對同事、對領導、對客戶，她都習慣用自己的大嗓門進行溝通。丈夫開了一家公司，每次結算帳目她都要細細盤查，在追帳時也是親自與客戶「溝通」，但很多時候，事情都因為她的大嗓門而談崩。這也讓丈夫的公司失去了不少客戶。

公司有一個新的專案需要提拔一名專案主管，無論在資歷還是經驗上，她都是可以完全勝任的。但正是由於她的大嗓門，上司選擇了另外一個能力和資歷都不如她的人擔任專案主管，上司擔心L小姐的大嗓門會嚇跑自己的客戶。

L小姐的問題就是喜歡大聲說話，但其根源在於她自己的火暴脾氣。火暴脾氣容易讓人大聲說話，但並不是每一個脾氣火暴的人都喜歡大聲說話。在L小姐看來，大聲說話可以讓自己占得優勢，可以讓自己的話語更具有壓倒性，她想要的並不是溝通的和諧，而是溝通的勝利。

想要讓L小姐改掉這種喜歡大聲說話的毛病很簡單，甚至並不需要改掉她的火暴脾氣。L小姐只要掌握一些溝通方面的技巧就可以了，一個人的性格脾氣很難改正，但在溝通中的方法技巧確是每個人都能學會的。

第一章　你是在溝通，還是在發洩表達欲

　　S女士的孩子剛剛滿一週歲，對於S女士來說，帶孩子並不是一件困難的事情。在這一年中，她甚至沒有耽誤一點自己的工作，孩子也健健康康地成長了起來。讓她難以忍受的是她的婆婆，在這一年中，婆婆給自己製造的麻煩要遠多於孩子給自己製造的麻煩。

　　S女士的婆婆在這一年中確實給予她不少幫助，收拾屋子、洗衣做飯，又幫忙帶孩子，這讓S女士十分感動。但婆婆的大嗓門和無理取鬧讓S女士很吃不消。S女士的婆婆經常喜歡提高音量和音調去說話，還時常當著自己的面厲聲訓斥自己的兒子。很多時候，即使是正常的對話，在S女士看來，婆婆也是在和別人吵架。

　　S女士和丈夫反映過婆婆的這一問題，但卻被婆婆反過來說了一通。除了愛大聲說話，S女士的婆婆還喜歡製造一些事件，從而引起別人的關注。用S女士的話來說，這就好像是小孩子在發脾氣一樣。

　　在上面的情境之中，S女士的婆婆是為了引起別人的關注，所以才提高自己說話的音量和音調。這種問題更多是一種心理上的問題，只不過表現為大聲說話的行為。婆婆的大聲說話行為確實對S女士造成了一定的困擾，不僅造成了溝通上的障礙，還引發了婆媳之間的矛盾。

　　大聲說話看上去雖然只是一種不禮貌的溝通行為，但從影響上來說卻是十分惡劣的。事實上，S女士的婆婆也知道在家庭

> 如果說話大聲就有理，那用喊的就可以了
> ——用音量和音調營造的氣勢，對於溝通沒有幫助

溝通中並不需要大聲說話，但她卻依然我行我素，更多也是為了在家庭中掌握話語權和主動權。

這些並不正常的大聲說話行為對溝通是沒有任何益處的，必須要透過一定的方式加以修正。前面也曾提到，大聲說話與一個人的性格存在著相當程度的關聯，所以想要修正這種行為也並不容易。在反暴力溝通中，可以使用其他的表達方式來替代大聲說話的行為，這些行為往往可以產生與大聲說話同樣的效果。

從正確的角度來說，如果不夾雜有特殊情緒，大聲說話的人更多是想要表現一種自信向上的狀態，想要確保自己所表達的訊息可以更好地傳遞出去。可能只是在具體的執行過程中表現為語氣很差，也就因此失去了傳遞訊息的作用。下面有幾種方法可以替代大聲說話，產生同樣的溝通效果：

放慢語調，讓表達更有針對性

這種方法是一個比較基礎的方法，對於改善大聲說話的問題有著很大幫助。使用這種方法時，同樣可以大聲說話，但這時需要放慢自己的語調和語速。

放慢自己說話的速度，然後拉長音節，整體語句的速度降下來之後，聲音就會變小。但實際上所表達的訊息內容卻沒有變少，所要表達的意思依然是完整的。同時，在放慢語速的過程中，對方還可以有更充足的時間去理解我們所表達的意思，更有利於溝通的持續展開。

第一章　你是在溝通，還是在發洩表達欲

▍用肢體語言降低說話分貝

在溝通過程中展現力量並不只能依靠大聲說話這一種方法。如果在大聲說話的時候，全身僵硬，雙手緊貼身體，就會讓溝通變得死氣沉沉。

想要達到更好的溝通效果，我們可以使用另一種溝通方法。首先同樣是降低說話的音量和音調，然後用雙手和身體去展現力量，透過肢體語言和面部表情來更好地抒發情感。在後面會單獨介紹肢體語言和面部表情在反暴力溝通中的重要作用，在這裡就不過多講述了。

▍反覆練習，讓語言表達更加行雲流水

溝通需要調動整個身體，單純依靠大聲說話來達到預期的溝通效果是並不現實的。想要在溝通中展現力量和權威，我們必須反覆練習自己的動作、手勢，精挑細選地使用每一個詞。最終只有所有的表達方式都完美配合時，溝通才會達到最佳效果。

人與人之間的溝通並不是對抗賽，相互之間也並不是在比誰的嗓門更大一些。溝通中沒有勝利的一方，只有雙方都達到自己的目的，溝通才算是最終成功。所以，不要用大嗓門去壓制對方，不要以為大聲說話就可以讓對方信服自己的觀點，想要說服對方，想要取得自己想要的溝通效果，不僅要讓對方的口服，還需要讓對方的心服。

口服的人，心裡一般都不服氣
—— 想要說服對方，就不要討嘴上便宜

> **反暴力溝通箴言**
>
> 在溝通過程中，說服別人時，對方很容易出現「口服心不服」的情況。我們似乎在溝通中占據了主動，但這場溝通卻並沒有達到想要的效果，所以在讓人口服的同時，我們還需要讓別人心服才行。

在 20 世紀初，徐悲鴻正在歐洲留學。在學習期間，徐悲鴻經常會遭到外國人的調侃，說「中國人愚昧無知，生來就是當亡國奴的材料，即使來到這裡學習，結果也是一樣的，根本成不了人才」。

面對這種無理的挑釁，徐悲鴻便和這個外國人理論起來，在一番爭論之後，外國人明顯落了下風。外國人怯怯地不再說話，但明顯內心並不服氣，徐悲鴻便說道：「那好，既然你心有不服，那我們就來比試一下，你代表你的祖國，我代表我的祖國，等到學習結束之後，看看到底誰是人才，誰是蠢材。」

過了一年，學習結束之後，徐悲鴻的油畫作品受到了藝術家的廣泛好評，在多次藝術競賽中也都獲得了第一名，徐悲鴻的畫展更是讓整個巴黎美術界為之震驚。曾經調侃徐悲鴻的那個外國人，也只得心服口服。

第一章　你是在溝通，還是在發洩表達欲

想要真正說服對方，就不能僅僅停留在口頭的勝利上。想要徹底說服對方，說服他的心才是關鍵。在上面的故事中，徐悲鴻先生正是認識到了這一點，所以他並沒有停留在口頭的勝利上，而是要讓對方真正的口服心服，他用自己的行動做到了這一點。

在反暴力溝通中，從根本上去說服對方是一個重要的內容。既然是溝通，溝通的雙方就都會有想要達成的預期目標，預期目標的實現並不僅僅是讓對方口服，而需要讓對方心服才行。從根本上說服對方正是讓對方心服的重要表現。

在很多溝通情境之中，看上去我們已經說服了對方，對方也親口認可了我們的觀點。但實際上，這只是對方的口是心非，對方雖然嘴上對我們的觀點表示信服，但心裡卻絲毫沒有相信我們的意思。

所以在溝通中也常常會出現這樣的現象，一方拚命想要在溝通中說服對方，對方開始還在不斷反擊，但最後卻輕而易舉地認可了這個觀點。這樣一方會認為自己已經說服了對方，溝通到此也就宣告了結束。實際上，這只是對方想要結束溝通的一種手段，因為他已經對溝通失去了興趣。

看上去說服者在溝通中占據了優勢，但實際上這種優勢是虛無的。就好像兩個人原本決定進行一場比試，但一方由於失去興趣選擇了放棄比試，這樣對方就因為一方的缺席而獲得了

> 口服的人，心裡一般都不服氣
> ——想要說服對方，就不要討嘴上便宜

比試的勝利。但是，這種勝利有意義嗎？

很顯然，這種勝利毫無意義。因為溝通的真正效果並沒有達到。想要說服對方的人在表面上確實達到了目的，但實際對方的內心並沒有認可自己的觀點，這種說服是無效的，整個溝通過程也是無效的。

在不同的溝通情境中，溝通會呈現出不同的狀態，想要讓對方認可我們的觀點，就要讓對方「心服」，而不僅僅是「口服」。

在溝通過程中，透過口頭的論辯可以讓對方口服，而透過行動則能夠讓對方心服。諸葛亮對孟獲七擒七縱，在前面幾次被擒中，孟獲都心有不服。諸葛亮便對孟獲承諾可以抓他七次，最終諸葛亮用行動證明了這一點，孟獲也因此對諸葛亮心悅誠服，表示真心歸順。

在現實生活中，並不是所有的溝通都需要用這種方法來達成，但依靠行動讓對方心悅誠服確實是一個十分有效的方法。其實，除了這種方法，在不同的溝通情境之中，還有一些其他方法可以讓對方「口服且心服」，這些方法更多需要在溝通過程中或是在溝通前運用，而並不需要到行動階段再去執行。

在上下級或是老闆與員工之間的溝通中，掌握以下幾點方法，能夠更好地讓員工「口服而心服」：

第一章　你是在溝通，還是在發洩表達欲

▎換位思考，感同身受

這在反暴力溝通中是一個很重要的方法，同時也很容易理解。站在對方的角度上去考慮自己的溝通表達是否合理，當自己是對方時，自己是否能夠接受這樣的表達，聽到這種表達之後自己是否會心服口服。搞清楚這一系列問題之後，再去觀察這種表達是否能夠達到預期的效果。

▎敘述事件而不表達感受

這一點內容在溝通過程中經常會出現，但卻很少有人會重視。以老闆和員工之間的溝通情境為例，當老闆想要指出員工的過錯時，單純表達感受的效果就不如表達事件要好。很多時候，表達感受不僅不能讓員工心服，甚至連口服都做不到。

我們來看下面兩種表達：

①老闆：「我看到你在工作時間玩手機。」

②老闆：「你工作態度有問題。」

其實這兩種表達都是在強調員工工作態度的問題，第一種是在敘述事件，而第二種則是在表達感受。現在我們用換位思考的方法，站在員工的角度上看待一下這兩種表達。首先第一種表達直接指出了我們的問題，作為員工我們無話可說，但第二種表達只是老闆的個人感覺，員工會想，我們的工作態度哪裡有問題，老闆純粹是想挑毛病。

如果老闆使用第二種表達，員工可能還會反問一句「我的工

作態度哪裡有問題」？老闆則還需要繼續解釋「你經常在上班時間玩手機」這件事。倒不如直接表達事件，讓員工意識到自己的問題，這樣員工自然會口服又心服。

多用正面表達

老闆與員工之間會不可避免地出現一些矛盾，矛盾產生的原因大多與批評有關。不少老闆在員工工作出現失誤之後會直接說出「你怎麼這麼笨，這都能出錯」這樣的話，但卻不會告訴員工哪裡做錯了，要如何去改正。這樣進行溝通的結果就是員工嘴上表示接受批評，但是心裡卻憋了一肚子氣，最後仍然不知道自己哪裡做錯了。

因此，作為老闆要在批評員工的時候指出對方的錯誤，並給出解決的方法和意見。在做到這些的基礎上，再多去使用正面的溝通表達。要用「你要……」的說法，而不要用「你不要……」的說法，多從正面去指出員工的問題，不要在表達中夾帶自己的情緒。

正面表達更容易讓員工接受，作為老闆，在自己表達完之後，還需要讓員工對自己的內容進行回饋，這一點也非常重要。很多時候，老闆在前面說了一大堆，但員工卻什麼也沒搞懂，老闆的話說完了，這件事也就過去了。所以，讓員工及時對自己的表達進行回饋是十分必要的。

第一章　你是在溝通，還是在發洩表達欲

發揮權威的作用

這一點在溝通中也很重要，相比某個領域權威的發言，我們個人的意見往往顯得無足輕重。所以在進行表達時，多使用權威的建議，往往能夠獲得更好的效果。而同時，如果作為老闆，自己在某一方面有著非常豐富的經驗和專業知識，也可以在進行表達時充分展現自己的專長，這樣也能達到好的效果。

溝通是一個重要的過程中，溝通效果的取得也需要付出許多努力。如果單純追求溝通過程的完成，溝通很難取得實質性的效果。如果我們僅僅停留在讓對方從口頭上認可我們的觀點，那是很難取得最終的溝通效果的。

所以，想要真正在溝通中說服對方，就不能只追求口頭上的認可，只有征服了對方的心才行。

大部分的溝通障礙，都出在態度上
—— 反暴力溝通是技巧，更是態度

> **反暴力溝通箴言**
>
> 反暴力溝通講究一定的技巧和方法，但從根本上來說，反暴力溝通更是一種態度。所以在掌握反暴力溝通時，態度往往要比技巧更重要。

大部分的溝通障礙，都出在態度上
──反暴力溝通是技巧，更是態度

為了進行更好的溝通，大多數人都會在尋找溝通方法上下功夫。他們會尋找到在各種不同的溝通情境中應該使用的溝通方法，然後分門別類存入自己的數據庫之中。在對應的溝通情境中，使用合適的溝通方法。這種做法並沒有錯，但溝通情境是多種多樣的，再博學的人也沒有辦法研究透澈，所以說溝通方法總有用盡的時候。

那麼有沒有一種東西可以成為溝通中的萬能鑰匙呢？看上去這個問題要比尋找溝通方法還難，但實際上，這可能是溝通中最為簡單的一個問題。它的答案也十分簡單，溝通中存在著萬能鑰匙，在好好使用的時候它是一把萬能鑰匙，在不好好使用的時候它就會變成一道道高牆。

這把萬能鑰匙就是態度，是溝通過程中我們所展現給對方的一種態度。單從名詞解釋的角度上理解「態度」這個詞很容易，但如果將其放置在溝通之中，就不那麼好理解了。溝通中的態度既可以成為開啟他人心扉的萬能鑰匙，也會變成阻隔雙方繼續溝通的一道道高牆。

上面說到的是好的溝通態度和不好的溝通態度之間的區別，接下來看看下面的故事：

A小姐和B小姐都是在一家大型購物中心上班，A小姐負責珠寶首飾銷售，而B小姐則在不遠的地方銷售女士化妝品。從形象氣質上來看，B小姐要遠勝於A小姐，在人際交往方面也是如此。但相比於B小姐的八面玲瓏，A小姐確實有些呆板。

第一章　你是在溝通，還是在發洩表達欲

雖然從個人能力方面，B小姐要比A小姐強很多，但在銷售業績上，A小姐卻遠超於B小姐。雖然兩個人銷售的商品有所不同，但在與顧客溝通方面，A小姐的表現確實要遠超過B小姐。

為什麼兩個人明明個人能力相差這麼多，但在工作表現上反而是能力較差的人好呢？原來A小姐在面對顧客時，不僅會為顧客詳細解說商品的特徵，她還能夠將心比心地替顧客考慮，最重要的是A小姐在銷售商品的時候，全程都面帶微笑。

反觀B小姐的表現就要差很多了，B小姐在面對年輕的顧客時會微笑著迎接，但在面對年紀大一些的顧客諮詢時就會顯得過於冷淡。也正是這樣的原因導致B小姐的銷售業績始終上不去，但B小姐卻並不以為意，因為她只願意做自己喜歡的事情。

很顯然，A小姐與B小姐之間銷售業績的差距源於她們對待顧客的態度上，銷售是一項很注重溝通的工作，而態度則是溝通中必不可少的重要因素。A小姐雖然在個人能力上不如B小姐，但在與顧客的溝通方面卻要遠勝於B小姐。這也就是A小姐能夠在銷售業績上超越B小姐的原因。

很多人過於尋求溝通中的方法和技巧，而忽略了溝通中最基礎的態度問題。也正因為基礎，所以態度問題最容易在溝通過程中被忽略。

在後面的章節中，我們將會分析大量的暴力溝通行為。暴

大部分的溝通障礙，都出在態度上
——反暴力溝通是技巧，更是態度

力溝通行為的表現多種多樣，原因也是多種多樣的。但其實歸結到一點，這些暴力溝通行為的發生，或多或少都與溝通中的態度問題有關。

也可以說，大多數溝通障礙的出現，其問題都出在態度上。錯誤的溝通態度在最開始就為溝通埋下了隱患，以致後續溝通障礙的出現，最終導致溝通的失敗。

這裡有一段節目主持人採訪政治人物的對話。（主持人稱為A，政治人物稱為B）

A：「聽說要採訪您，朋友們都為我捏了一把汗。」

B：「聽說要接受你的採訪，我的朋友也為我捏了一把汗啊！」

A：「您這樣說我就放心了，首先我們消除了彼此間的神祕，談話就好進行了。」

B：「我們經常看你的採訪，但是你很少看我接受別人採訪，我對你來說還稍微神祕一點，你對我來說已經不神祕了。」

A：「現在我特別放鬆，就想跟您閒話家常，請問您這個名字是誰取的？（官員的名字裡有個農）」

B：「我這個名字取得稍微有點特殊，是我外祖父取的。」

A：「這個是有什麼特殊的含義嗎？」

B：「當時的年代重農輕商，就是以農為本，所以他可能是希望我將來能夠和農業有點關係吧。」

……

第一章　你是在溝通，還是在發洩表達欲

兩人之間的對話讓人有一種「如沐春風」的感覺。彼此在之前都沒有見過面，一個是知名主持人，一個是政府官員，本會是一場略顯生硬的問答式採訪，但卻被兩人處理得如此和諧。在這之中所展現的就是溝通中的態度問題，他們並沒有囿於自己的身分去溝通，而是在心理上都保持著相互平等的狀態，從最家常的話語展開了對話。

溝通的正確態度首先應該是一種心理上的相互平等、相互尊重，在溝通過程中不應該過多地看高自己，當然也不需要過分去抬高別人。在相互溝通中，要與對方進行真誠溝通，不能用語言貶低對方。

下面簡要介紹幾種常見的溝通態度，這些溝通態度有值得借鑑的地方，當然也有存在問題的地方。所以應該客觀去分析其中的問題，去學習好的溝通態度。

▍命令的態度

這種溝通態度往往出現在上下級之間，更多表現為上司對下屬傳達消息，或者掌權者向其他人傳遞訊息。這種態度很難讓溝通雙方之間達成合作，因為整個溝通過程也是不對等的，更多呈現出一種主從關係。

▍尊重的態度

這種態度是溝通過程中最好的態度，是一種積極溝通的態度。溝通雙方在相互尊重的基礎上展開對話，這樣很容易實現有

> 大部分的溝通障礙，都出在態度上
> ——反暴力溝通是技巧，更是態度

效溝通，同時也更容易達成一致的意見。尊重的態度是溝通中的基礎，是讓溝通繼續延續下去的一個重要因素。

在相互尊重的基礎上展開溝通，即使雙方存在一些觀點上的差異，也能夠相互理解，最終讓溝通在和諧的環境中完成。即使雙方沒有達成一致的意見，也不會因為觀點的差異而傷害到雙方的感情，這就是尊重態度對溝通所產生的重要作用。

逃避的態度

這種態度並不適合溝通，但在溝通過程中卻又真真切切地存在著。這種態度在溝通中表現為敷衍了事的行為，對於對方的話敷衍回答，既不同意，也不反對。跟這種態度的人溝通，更多的是在浪費時間，因為根本取得不了什麼效果。

順從的態度

這種態度也並不能說是一種好的態度，這種溝通態度與命令的溝通態度相對，更多表現在以下對上的溝通之中。下級往往會順從上級的態度，並不會表現出自己對於這個問題的看法，因此也就不能形成有效的溝通互動。

這種態度下的溝通往往是一方在表達意見，而另一方會不加思考地表達出肯定的態度。這樣的溝通同樣失去了其應有的意義，因為這種溝通中只存在一種意見，而不存在任何回饋。

很多時候，態度的表現可以透過語言行為，也可以透過一些非語言行為。在後面的章節中，我們會著重介紹非語言溝通

第一章　你是在溝通，還是在發洩表達欲

的內容，在這裡只簡單說一下非語言溝通行為所表現出的態度問題。

首先，面部表情是溝通雙方判斷對方態度的一個重要突破口。很多時候，雖然我們並不想要對方看穿自己的態度，但從面部表情上，對方已經將我們的態度一覽無遺。因此管理好自己的面部表情是十分重要的，為了讓溝通順利進行下去，即使對方的觀點我們並不感興趣，也不要將這種不感興趣在臉上表現出來。

除了面部表情，肢體動作也能夠傳遞出溝通中的資訊。在溝通過程中，肢體動作也能夠展現出我們的態度。我們不經意間的一個舉動，就會讓對方讀出我們當時的態度。對於這一點，在溝通過程中也需要稍加注意。

在溝通失敗後，當你在費盡心思尋找原因時，不妨先反思一下自己在溝通過程中的態度問題。在確定了態度問題之後，再去從其他方面尋找原因。很多時候，暴力溝通行為的出現往往是因為溝通中的錯誤態度所引發的，溝通方式和溝通技巧只是次要的原因。

同樣，想要取得良好的溝通效果，首先要擺正自己的態度。解決了態度問題之後，再去尋找溝通的方法，探索高級的溝通技巧。

第二章
暴力溝通的表現

第二章　暴力溝通的表現

彪悍的人生也需要解釋
── 沉默更多時候會讓人理解為傲慢

> **反暴力溝通箴言**
>
> 　　沉默是金，但在溝通過程中，在很多時候沉默卻會讓人理解為傲慢。對方正在針對一個話題侃侃而談，我們卻以沉默應對，這會讓溝通陷入一種冷場的境況。在很多時候，沉默也是一種暴力溝通。

　　在溝通過程中，沉默是一種十分高效的溝通工具，但在很多溝通情境之中，沉默卻也是一把無鋒的劍，看上去不會傷人，卻很容易隔斷人與人之間的連繫。沉默需要選對場合，更需要選對時機。

　　在後面的章節中我們會講到溝通的形式分類，沉默在具體的表現形式上不僅展現在語言溝通方面，同時也展現在非語言溝通方面。沉默的時候我們往往會選擇閉口不言，這時我們中斷了自己的語言表達。在閉口不言的同時，沉默還表現為一定的面部表情和肢體語言的變化，也就是非語言溝通發生了變化。

　　在溝通中，沉默可以表現出多重意義，這往往是由沉默的時間和沉默時的表現所決定的。當然，這也是決定沉默在溝通中究竟是好還是壞的關鍵。如果對方正在你的面前陳述自己的

彪悍的人生也需要解釋
——沉默更多時候會讓人理解為傲慢

觀點，正講到興頭上的時候，你選擇閉上嘴，認真傾聽對方說話，這時的沉默就是一種好的沉默。但如果對方已經陳述完自己的觀點，等待著你給出回應的時候，你卻緊閉住嘴，眼睛四處環視，這時的沉默就是一種壞的沉默。

好的沉默能夠讓溝通順利地進行下去，壞的沉默則會讓溝通戛然而止。很多時候，在不恰當的時機選擇沉默往往會讓人產生誤解，同時，你的沉默也可能被對方理解為不耐煩和傲慢。

還有一個月的時間，E小姐和男朋友就將步入婚姻的殿堂。最近一段時間，E小姐在家忙著婚禮的事情，無論是置辦婚禮用品，還是選擇外拍場地，E小姐都親力親為。相反，E小姐的男朋友卻全身心地撲在工作上，從來不過問婚禮的事情，似乎這場婚禮與自己無關。

最開始E小姐並沒有覺得有什麼，但很快，當事情越來越多時，E小姐爆發了。她找到男朋友訴說著自己的辛苦和無助，但E小姐的男朋友卻仍然在玩手機遊戲。當E小姐扔掉了男朋友的手機之後，兩個人才正式面對面地溝通起來。E小姐依然在訴說自己的忙碌，E小姐的男朋友卻始終保持沉默，即使當E小姐講完自己的話之後，E小姐的男友依然保持著面無表情的沉默。E小姐嚎啕大哭起來。

在情侶關係和夫妻關係中，最容易出現溝通中的沉默，這種沉默往往是一種冷暴力，雖然沒有過激的言語，卻能夠對雙方造成難以彌補的傷害。這種冷暴力沉默是一種對溝通行為

第二章　暴力溝通的表現

十分有害的暴力行為，這種沉默並不是為了認真傾聽對方的觀點，也不是為了給予對方更多的表達機會。這種沉默是一種消極的溝通舉動，更多是在表達自己的不耐煩情緒。

這種情況下的溝通，與其說是溝通，倒不如說是拒絕溝通。一方在興味盎然地大談特談，另一方卻對此充耳不聞，單向的溝通是沒有辦法走向終點的，只會在半途之中停止。很多時候，我們很想就一個觀點與對方展開溝通，但對方卻對此毫無興趣，也不明確拒絕，只以沉默來應對。這樣的溝通只會讓一方變得更加著急，另一方卻依然對此無動於衷。

不僅在情侶關係中容易出現這種壞的沉默，在職場環境中也會出現這種壞的沉默。

F先生已經在這家企業工作了十五年，也算是老資歷了。但與那些新員工相比，F先生只是在薪資上稍微高了一些，在地位上完全和新員工一樣。十五年時間，F先生的薪資隨著年資在上漲，職位卻依然沒有什麼變化。許多同時進入公司的同事，要麼跳槽到新的企業做了高管，要麼升到了管理者的位置，只有F先生依然在原地踏步。

F先生也知道其中的原因，但很多時候卻沒有辦法讓自己改變。F先生有一個毛病，他這個人屬於外冷內熱型性格，平時在工作時沉默寡言，日常生活中卻是個能說會道的人。在職場中的很多時候，F先生會採用一種沉默的方式來與他人進行溝通，當主管問工作完成情況時，F先生兩句話交代完結果就什麼也不

彪悍的人生也需要解釋
——沉默更多時候會讓人理解為傲慢

說了。在日常工作間隙，面對同事的調侃，F先生也是以沉默應對，很多時候並不是他不想說，而只是不知道自己該說什麼。

正因為如此，F先生被認為是一個沉悶、傲慢的人，不僅無法融入同事的圈子之中，也無法得到主管的喜愛。職場之路自然就走得坎坎坷坷。

F先生的經歷並不是個例，而是會發生在很多人身上，不僅會發生在內向的人身上，很多看似外向的人也會存在這種問題。並不是所有的溝通情境都可以用沉默來面對，沉默在很多時候是像金子一般，但並不是每一個溝通對象都喜歡這種「金子」，大多數人還是喜歡能夠和自己相互攀談、相互探討的人，即使這個人很普通，他的價值也要超過那個不會應答的「金子」。

這種不好的沉默式溝通會讓我們的人際溝通陷入困境之中，人人都喜歡傾聽者，卻很少有人喜歡沉默者。傾聽者善用沉默，在合適的時機、適當的場合中使用自己的「沉默權」。而沉默者則不會區分場合、不會選擇時機，在任何情境中都會用沉默來應對對方的溝通，這種冰冷暴力的溝通方式很容易澆熄對方的熱情。

沉默式溝通打斷的不僅僅是一兩次的溝通行為，很多時候，它打斷的是人與人之間維繫情感的紐帶。這是一種對溝通的深層次的傷害，很多人往往都只看到了溝通行為的中斷，卻並沒有意識到溝通雙方情感的斷裂。沉默者會給人一種傲慢的感覺，讓別人覺得無法親近，一兩次可能不會產生疏離感，久而久

第二章　暴力溝通的表現

之，沉默者會讓越來越多的人疏離自己。

在適當的時機、適當的場合中，沉默是十分必要的。但如果沒有合適的時機，不在適當的場合，沉默就是有害的。沉默是一把雙刃劍，用好、用壞完全看個人的取捨，善用沉默為自己的溝通添彩，不要成為溝通中的「獨行俠」，那其實一點也不酷。

「你說的都對」，潛臺詞是「你說的都不對」
—— 敷衍的首肯其實是不屑

反暴力溝通箴言

在溝通過程中，認可對方的觀點是讓溝通有效延續的一個重要技巧。這種認可生效的前提是我們內心的真誠，出於敷衍目的表達出的肯定實際上是一種對對方觀點的不屑。

在面對溝通時，人們往往根據音調的高低和動作的大小來判斷溝通的性質。在溝通過程中大喊大叫、手舞足蹈，甚至想要動手打人的情況就會被認為暴力溝通。而溫文爾雅、少言寡語、直立端坐的情況就會被認為是反暴力溝通。事實上，這種評判溝通的標準並不是準確的。

> 「你說的都對」，潛臺詞是「你說的都不對」
> ——敷衍的首肯其實是不屑

反暴力溝通一定是不會動手的，這一點是肯定的。但暴力溝通也不僅僅只有動手這一種表現，我們在溝通過程中，話裡帶刺，挖苦別人或敷衍塞責別人的時候，不論我們是否內心真的存在惡意，這種交流方式都是暴力溝通。很多時候，這種言語上的暴力要遠比身體上的暴力更具危害性。

以肯定的態度敷衍塞責別人是一種十分常見的暴力溝通行為，無論是在工作還是在生活中，這種溝通方式都會對溝通造成很不好的影響。

在國外一期談話性節目中，不少觀眾發現，在採訪某位政府官員時，採訪對象的手腕處被打上了馬賽克。一時間圍繞馬賽克遮擋住了什麼的問題，觀眾們展開了廣泛的討論，「究竟是名錶還是珍貴首飾，這位先生的手上到底戴的是什麼？」觀眾們向節目組提出了自己的疑問。

很快，節目組給出回應：「採訪對象手腕被遮擋處並未佩戴東西，遮擋的只是胸前衣服的商標，防止出現廣告植入嫌疑。」節目組的解釋看上去可以理解，但仍然有不少觀眾並不信服這種說法。

幾個小時之後，當時的主持人在網路上給出了一個更加詳細的回覆：「由於被採訪者是近景鏡頭，衣服上面的商標非常明顯，編輯擔心會存在打廣告的嫌疑，所以就用馬賽克遮擋住了衣服上的商標。」隨後，主持人還貼出了採訪記者的採訪素材截圖，證實了自己的說法。

第二章　暴力溝通的表現

相比節目組給出的回應，主持人給出的回答更加完善，也更容易讓人接受。在溝通中，這種回答要遠勝於敷衍式回答。當然，我們並不能說節目組的解釋是一種敷衍式回答，只是節目組的解釋過於簡單，並不足以讓人信服。

相比其他形式的暴力溝通，敷衍式溝通要更容易辨別，無論是在何種溝通情境中，其表現形式都是大體一致的。一般來說，敷衍式溝通主要有下面幾種表現形式：

不看對方的眼睛

在溝通過程中，一個人說話的眼神最能夠反映這個人的思想和情感，當一個人在和我們說話的時候，他的眼神游離，或者不敢直視我們，逃避我們的眼神對視，這種表現都說明他正在敷衍我們。我們甚至可以不用去分析他話語的內容，單純從眼神這一點就可以看出對方是否在敷衍我們，因為一個人的眼神連線著他的內心，內心是否真誠可以從眼神中反映出來。

總是坐立不安的樣子

當我們和別人說話的時候，如果對方表現出坐立不安的樣子，或者表現出我們好像在耽誤他的時間的樣子時，對方的內心可能已經對這場溝通產生了厭煩的心理。這說明這個人現在並不想和我們說話、溝通，當我們在說話的時候，對方很可能只是左耳朵進，右耳朵出。他之所以坐在這裡聽我們說下去，只是在敷衍我們而已。

「你說的都對」，潛臺詞是「你說的都不對」
——敷衍的首肯其實是不屑

■ 無論面對什麼樣的問題，都是簡單的肯定

當我們正在針對一個問題發表意見，或者想要針對一些小的事情詢問對方的意見的時候。他總是不加思考地給出肯定的回答，「嗯」、「好的」、「你說的都對」、「就聽你的」，這種表達雖然有一種肯定的語氣，但實際上這種表達就是一種明顯的敷衍。雖然給出了肯定的回答，但他根本就沒有用心思考。

■ 撥弄手指或擺弄手中的玩物

在現在的社交方式中，手機成了溝通交流的新平臺。在面對面的溝通中，手機也占據著重要的位置。這裡並不是說手機在促進溝通方面的作用，而是在說手機影響溝通時產生的作用。當我們在與他人溝通時，對方如果在不停地擺弄手機，這就表明他是在敷衍我們，他的注意力根本沒有在溝通上。

有些時候，對方可能會在溝通中用手機處理一些事情，但這並不足以成為敷衍溝通的正當理由。真正在乎這場溝通的人會和我們說明情況，讓我們先暫停一下敘述，等他用手機處理完其他工作之後，再放下手機，認真傾聽我們的訴說。而不是等著我們的話已經說完之後，他再放下手機，然後順口一句「好的，我明白了」來結束這場對話。

■ 回答問題的時候文不對題

最為明顯的敷衍式溝通就是對方在回答我們提出的問題時「驢唇不對馬嘴」。之所以會出現這樣的問題，主要原因就是當

第二章　暴力溝通的表現

我們在敘述的時候，對方的心思並不在我們的表達上，他的心可能早已經飛到了九霄雲外。而當我們敘述完成之後，對方的心思依然在九霄雲外沒有辦法趕回到「溝通現場」，所以才會出現回答我們的問題時文不對題的現象。

當然，在溝通過程中，敷衍式溝通的出現是有一定的原因的。這種原因因人而異也因溝通情境、溝通內容而異，所以在溝通過程中，我們在關注對方是否在敷衍我們的同時，也要去關注我們和對方的談話是否會引起對方用敷衍的方式來應對我們。具體來說，在溝通時，我們有以下幾個方面需要認真考慮：

對方的時間是否允許

現在我們想要和對方溝通，對方是否有興趣、有時間在現在這個時間和我們溝通呢？這是我們在進行溝通前就需要考慮到的問題。如果對方正在忙其他的事情，我們突然將對方拉過來談話，顯然會讓對方對我們的表達心不在焉。

對方是否對話題感興趣

在溝通之前，我們想要聊的話題對方是否感興趣，和一個從來不看武俠小說的人來聊《天龍八部》，那對方可能只能用敷衍的方式來應答了。這種敷衍式溝通的形成，主要原因在於發起溝通的人。

「你說的都對」，潛臺詞是「你說的都不對」
——敷衍的首肯其實是不屑

▎溝通的方式對方是否習慣

在溝通過程中，我們的語氣是否過於強硬，語言技巧是否有些不妥，這些都是需要我們考慮的問題，同時也是容易造成敷衍式溝通的原因。對方如果既有時間，又對談論的話題感興趣，但依然使用敷衍的方式和我們進行溝通，很大的可能就是因為我們的溝通方式出了問題。

我們在溝通過程中是否一味地在使用疑問句，讓對方只能用「嗯」、「對」、「是」這樣的答案來進行回答？我們在溝通的過程中是否語氣過於強硬，用詞欠缺考慮，讓對方產生我們咄咄逼人的感覺？這些都是我們在溝通過程中需要考慮的問題。

掌握了這些技巧之後，我們可以將對方更好地引入自己的溝通情境之中，同時也降低了對方在溝通過程中敷衍塞責的可能性。除此之外，我們還需要盡力避免自己成為那個在溝通過程中敷衍塞責的人。這一問題在親子溝通中十分常見，我們就以此來進行說明。

在親子溝通過程中，父母往往會因為一些原因敷衍地回答孩子的提問，這不僅會讓親子間的溝通產生問題，同時也會讓孩子的內心受到傷害。

小 Y 剛滿 7 歲，但繪畫的能力卻已經超出同齡孩子許多，這完全得益於父母的悉心栽培。小 Y 在剛滿 4 歲的時候就被母親送到了繪畫班，可能是先天原因，小 Y 在繪畫方面有著很高的造詣。

第二章　暴力溝通的表現

一次週末，小 Y 拿著一幅自己畫了一上午的繪畫作品給母親看。小 Y 的母親正在洗衣服，簡單看了一眼小 Y 的畫，說道：「嗯，挺好的。」小 Y 想讓母親再仔細看看畫中的內容，母親卻以自己正忙為由讓小 Y 拿著畫去找爸爸。

小 Y 拿著畫找到爸爸，爸爸正在用手機玩遊戲，小 Y 將畫舉到爸爸眼前，卻被爸爸用手撥開。當小 Y 詢問時，爸爸看都沒看地答道：「嗯，不錯。」說完就讓小 Y 自己去一邊玩耍。小 Y 傷心地來到廁所，將自己畫了一上午的「全家福」全部撕碎，沖入了馬桶之中。

小 Y 的經歷相信也並不是個例，大多數孩子都會遇到這種情況。很多時候，父母並沒有在意這種情況所產生的不良影響，但在孩子心中，這種壞的影響卻已經深深扎根，在此後父母的每一次敷衍中逐漸發芽、壯大，這也是很多親子關係呈現出不和諧的重要原因。

相比成年人之間的敷衍式溝通，發生在親子關係中的敷衍式溝通在危害性上顯然要更大。親子之間的溝通可能不會像成年人之間的溝通因為一方的敷衍而發展成為暴力溝通行為，但卻會對孩子的內心造成一種比暴力溝通行為更加深遠的不良影響，威脅到孩子的心理健康。

因此，在親子關係的溝通中，父母一定要注意自己的溝通方式，盡量避免敷衍式溝通。即使自己當時確實沒有時間與孩子進行溝通，也要耐心進行解釋，不能以一兩句話來敷衍了事。孩

子的內心往往是脆弱的，由於對世界的認識存在局限，很容易因為父母的敷衍式溝通產生錯誤的心理反應，更嚴重的甚至會採取一些錯誤的舉動。所以父母一定要注意與孩子之間的溝通。

敷衍式溝通的產生並不能僅僅從溝通中的一方身上去尋找原因，其他暴力溝通現象的產生也需要從溝通中的雙方身上去尋找原因。溝通並不是一件簡單的事情，但想要掌握好溝通技巧，減少暴力溝通卻並不困難。

「批評者」的標籤一旦貼上就很難摘下來
—— 批評是最暴力的語言

> **反暴力溝通箴言**
>
> 　　在溝通過程中大打出手是一件影響很壞的事情，絕大多數人會認為這是最嚴重的暴力溝通行為。但實際上，在暴力溝通中，最為嚴重的暴力行為卻並非動手，而是經常將批評的語言掛在嘴邊。

遭到批評是一件很常見的事情，每個人都會受到批評，由於個人的脾氣秉性不同，批評所起到的效果也會有所不同。通常所說的批評主要是指一方對另一方提出自己認為的缺點和錯誤，同時也相應地給予一些針對這些缺點和錯誤的意見。

第二章　暴力溝通的表現

在溝通中，批評的語言也是十分常見的。很多時候，溝通中出現的批評語言往往會對人際交往造成一定的影響。很多暴力溝通行為的發生都是因為過多使用批評語言造成的。

在溝通過程中，被批評者由於沒有辦法接受對方的批評指責往往會產生一些態度激進的表現，而當自己的批評建議沒有生效，同時還遭到對方的猛烈回擊時，批評者也會陷入一種激動的情緒之中。

這樣一來，溝通就會演變成為一場辯論或爭鬥，處理不好這種轉變很容易讓溝通趨於崩潰，更嚴重的還會使人際關係受到損害。

根據國外一項調查顯示，在 1,155 位受訪者之中，有將近 94.6% 的受訪者提到在批評他人的時候遭遇過對方的牴觸，有 57.3% 的人表示自己身邊很少有能夠虛心接受批評的人，有 20% 的人表示只有非常少的人會虛心接受別人的批評，僅有 12.9% 的人表示自己身邊能夠虛心接受批評的人還是比較多的。

從上面的數據可以看出，真正能夠虛心接受批評的人還是很少的。很少有人願意接受負面的評價，人們更喜歡自己得到正面的肯定。這也就是說，如果我們在溝通的過程中過多地批評指責別人，非得讓被批評者接受自己的指責，這樣只會讓溝通走向末路。

充斥著批評性語言的溝通就是一種暴力溝通，這種溝通不僅

> 「批評者」的標籤一旦貼上就很難摘下來
> ——批評是最暴力的語言

缺乏和諧的溝通氛圍,同時還很難讓溝通取得一種理想的結果。之所以批評的語言如此不受歡迎,主要是因為大多數人在使用批評性語言的時候沒有用對方法。這與個人的生活習慣、性格等因素有著一定的關係,更多的還是因為沒有掌握好批評的方法技巧。

批評往往帶有較強的攻擊性,批評是一種否定,而當一個人遭到否定之後會本能地產生一種抵制心理,沒有人會天生喜歡被批評。另外,批評往往會傷及被批評者的自尊,即是內心再強大的人,也會因為被批評而黯然神傷。因此,在溝通中使用批評性語言要慎之又慎,同時還需要掌握一定的技巧。

常將批評性語言掛在嘴上的人,其人際關係並不會太好。但在溝通過程中,批評又是必不可少的。

某主持人在主持一檔節目時,一位明星的助理提出了許多自己的要求,包括現場不能談和某位明星相關的任何問題,也不能和其他藝人同時登臺演出等內容。由於當時參與節目的明星很多,在其他明星表演的時候,提及了這位明星助理要求迴避的問題,引來了這位助理的大怒。

這位助理衝上臺要求其他明星退到後臺,當時的場面一度十分尷尬,為了緩解這種尷尬,很多明星都退到了後臺。見到這位助理如此無禮,主持人也十分憤怒,他說道:「在電視臺錄製節目我是主人,各位明星都是客人,你家的明星也是一樣。如果他有意見,也應該透過我來溝通,而不能直接驅趕臺上的客人,這太不禮貌了!」

第二章　暴力溝通的表現

　　主持人的批評在這裡是恰到好處的，不僅維護了其他明星的利益，更讓對方了解到自己做法的無禮之處，這種合理的批評是十分必要的。

　　合理的批評能夠幫助我們發現自己所忽略的錯誤，從而減少不必要問題發生的可能性。在溝通中，批評性語言是必須的，但並不是說我們可以把批評經常掛在嘴邊，沒有人喜歡批評者。這種溝通高手會在溝通中使用一些批評的原則和技巧，讓批評變得更容易被人接受。

擺正自己的位置

　　批評別人的時候往往會讓對方產生一種居高臨下的感覺，這種感覺會讓對方不舒服，從而影響溝通的順利進行。想要避免這一問題的出現，就需要在溝通過程中，或者說在批評過程中擺正自己的位置。

　　一般來說，上對下的批評是比較容易展開的，年齡大的人對年齡小的人的批評也比較容易被接受。很多時候，一個人的身分、地位、聲望、年齡會對批評行為產生重要影響。所以當我們準備對別人展開批評的時候，首先要對自己有一個充分的認知，擺正自己的位置。

　　這裡的擺正位置不僅是指我們需要搞清楚自己在溝通過程中的角色定位，同時還要搞清楚我們處於怎樣的溝通情境之中。在搞清楚了上述情況之後，我們需要根據上面的情況選擇

> 「批評者」的標籤一旦貼上就很難摘下來
> ——批評是最暴力的語言

正確的批評方式和語言。

批評者如果採取一種高高在上的姿態，被批評者就會將注意力轉移到批評者的態度上，而不會去關注批評的內容是否是自身所存在的錯誤。這時，即使批評者所指出的問題在被批評者身上確實存在，被批評者也會為了維護自己的尊嚴而展開反擊。這樣批評就會產生不好的效果，溝通也就難以繼續下去。

很多時候，當我們有足夠的理由和資格去批評別人時，我們可以選擇直接表達自己的批評，但同時要讓對方感受到我們內心的真誠和善意。批評過程中最為重要的就是批評的語氣和用詞，點到即止、潤物細無聲的批評往往能夠取得好的效果。

當作為批評者的我們與對方處於平等的地位時，在進行批評的過程中，我們應該更加注重表達自己的感受，客觀地談論自己的感受，而不應該抓著對方的問題大談特談。如果作為批評者的我們處於低於對方的位置，那麼進行批評的時候就要慎之又慎，以建議的方式委婉地表達自己的意見會更為穩妥。

端正自己的心態

作為批評者，在溝通過程中，應該注意端正自己的心態，這與擺正自己的位置有一定的連繫，但同時也有一些不同的地方。

首先要明確我們為什麼要批評他人，如果這個問題都不能明確的話，那還談什麼去批評別人。批評別人的目的應該是幫助他人改變錯誤的思想和習慣，從出發點上來講應該是從他人的利益

第二章　暴力溝通的表現

角度去出發，而不應該從我們個人的利益角度來出發。當然更不能將批評作為宣洩自己不愉快情緒的一種手段，這樣的溝通不僅難以起到作用，同時還會讓自己的人際關係陷入絕境之中。

在批評過程中夾帶自己的主觀情緒，或者使用暴力性語言都會讓溝通陷入困境。使用這種批評方式的批評者根本沒有為他人考慮，只是在發洩自己的內心情緒，這種批評不僅會傷害到別人，也會傷害到自己。所以在溝通過程中，進行批評的時候一定要注意端正自己的心態。

如果我們能夠以一顆平常心去看待周圍的事情，在很多情況下我們就會拉開與批評的距離，我們既不會成為一個批評者，也不會成為一個被批評者。當與人溝通時，我們要充分考慮到每個人的不同思維方式，在對別人進行評判的時候也要更多地站到對方的角度上去。

如果我們能夠將對方的問題放到一個更大的環境中去考慮，而不僅僅是聚焦在對方個人身上。用正面的觀念去了解對方的觀念，同時將自己的主觀情緒排斥在外，這樣當我們對對方提出批評的時候就能夠態度平和一些，對方也會更容易放下防備來傾聽我們的批評。

不要過分追求結果

合理的批評是為了讓對方改變自己的錯誤思想和行為，但並不是每一個批評都能夠發揮立竿見影的效果。所以當我們作

「批評者」的標籤一旦貼上就很難摘下來
　　——批評是最暴力的語言

為批評者時，不要想當然地以為自己可以透過加強語氣、反覆強調或其他方式來讓對方能夠接受我們的批評，並立刻做出改變。做一件事之前明確目的很重要，但帶著目的性去做一件事就很難取得良好的效果。

由於批評更多源自批評者個人的經驗，更多也會從批評者自身的思考角度出發。但實際上，每個人的思想和經驗都不同，很多時候批評者將自己的觀點強加在被批評者身上，力求說服和改變對方，這種對批評結果的追求並不是正確的。

作為批評者，無論對方是否接受我們的批評結果，我們自身都應該對這一結果表示接受。不要過分追求批評的結果，批評更多地應該成為一種善意的指點，而不應該成為一種追求結果的較量。對方不接受善意的批評，我們可以耐心地繼續提出，但卻不可以一味強迫對方接納我們的批評。

在溝通中一味使用批評性語言是一種暴力溝通行為，不要指著別人的「鼻子」批評別人，那樣只會讓對方抓住我們的「耳朵」。在溝通過程中，我們要善用批評這種表達方式，在使用批評時也要講求一定的方法，曉之以理，動之以情，在平和的氣氛中進行批評要遠比厲聲痛斥產生的效果好。

第二章　暴力溝通的表現

你的「我以為」是愚蠢的代名詞
── 以自我為中心很讓人厭惡

> **反暴力溝通箴言**
>
> 　　以自我為中心在很多情況下都是「危險」的，在溝通過程中，以自我為中心的回答會讓對方感覺到不舒服。那些在溝通中過分強調自我的人，往往會展現出自己的愚蠢。

　　在生活中，每個人都或多或少會存在一點「私心」，這點「私心」主要表現在過多關注自我感受上面。

　　在溝通過程中，以自我為中心也是一個常見現象，當別人正在滔滔不絕地講述自己的觀點時，我們突然打斷別人的敘述，自行說起自己感興趣的話題，這種情況就是以自我為中心的表現。

　　在溝通過程中，更多地用到「我」、「我認為」、「我覺得」這類詞句，在很多時候也是一種以自我為中心的表現。這說明我們在溝通的過程中，只考慮到了自己，而沒有顧慮其他人的感受。這種溝通方式也是一種暴力溝通，相比暴力溝通的其他表現，這種暴力溝通方式可以說是最讓人討厭的一種。

　　以自我為中心首先是人的一種性格，在人際交往之中，這種性格主要表現為無論是為人還是處世都會以自己的需求和興

你的「我以為」是愚蠢的代名詞
——以自我為中心很讓人厭惡

趣為中心，只會關心自己的利益，而不考慮別人的利益。以自我為中心的人會完全從自己的角度去看待整個世界，會以自己的經驗去解決自己遇到的問題，他們往往會盲目地堅持自己的意見。

在溝通過程中，以自我為中心的人往往會表現出以下幾種特徵：

▎溝通中不關心他人觀點

「我認為」、「我以為」、「我覺得」這是以自我為中心的人經常會用到的詞句，並不是說每一個使用這些詞句的人都是以自我為中心的人，而只是以自我為中心的人會把這些詞句經常掛在嘴邊。

當然，他們在說這些話之前，往往並沒有認真傾聽對方的觀點，很多時候只是想要等待對方表達完之後開始陳述自己的觀點。甚至在一些溝通情境中，以自我為中心的人會打斷對方的敘述，直接陳述自己的觀點。他們更多在乎的是自己的表達，更關注的是自己的利益。

▎溝通中固執己見

以自我為中心的人在溝通中一旦形成自己的觀點之後，就很難再被別人改變，即使剩下的所有人都認為這個觀點是錯誤的，他們也會固執地堅持自己的看法。在這樣的情境中，溝通就很容易陷入僵局之中，如果以自我為中心者的觀點被推翻，

第二章　暴力溝通的表現

還可能會引發其內心的不滿，從而引發其他暴力溝通行為。

溝通中自尊心過強

以自我為中心的人一定不會讓自己的利益受到侵害，在溝通過程中，即使自己的觀點錯誤，他們也會礙於面子苦苦堅持。如果對方真的觸及他們的利益，讓他們的尊嚴受到傷害，他們就會展開各種反擊。他們不會讓別人比自己更成功，只會想方設法爬到別人的頭上。

Y君是一名電子工程師，受僱於一家大型電子科技企業。Y君屬於那種天賦異稟的人，不需要多少努力就能夠做到別人千倍、百倍努力也做不到的事情。Y君憑藉著自己的個人能力獲得了許多榮譽，但他依然感覺無法適應公司的工作環境。

Y君覺得與自己一同工作的工程師們要麼腦子反應慢，要麼動作反應慢，沒有人能夠跟上自己的節奏。所以Y君很少會和別的工程師合作，他擔心會被別人拖慢自己的工作進度。在工作期間，Y君喜歡製造各種聲音，大音量的音樂聲、大動作的敲擊鍵盤聲，Y君並不會考慮其他人的感受。

沒有人否認Y君在工作中的優異表現，但也沒有人喜歡和Y君相處。

Y君是那種很典型的在人際交往過程中以自我為中心的人，雖然天賦異稟，但這種個性卻並不討人喜歡。事實上，在溝通過程中，很多人並沒有具備任何優勢，卻依然會像Y君一樣

你的「我以為」是愚蠢的代名詞
——以自我為中心很讓人厭惡

保持著以自我為中心的態度。這樣做只會讓溝通的氛圍更加清冷，讓人際關係持續惡化。

在反暴力溝通中，互惠互利是十分重要的。每個人都希望在溝通過程中獲得更多對自己有利的資訊，但這種資訊的獲得必須要遵從一定的準則。相互尊重就是這些準則之中最重要的一個。

如果在溝通過程中，我們只顧著滿足自己的利益需求，處處都要維護自己的自尊和感受，這樣以自我為中心的溝通態度就很容易造成與他人的對立。不僅如此，長期以自我為中心的人還會將自己與外界隔離起來，從而導致自己處於一種自我封閉的狀態之中，最終產生一種嚴重的溝通障礙。

以自我為中心更多的是一種心理上的人格缺陷，不僅會對溝通造成一定的影響，同時還會引發心理疾病。單從心理學上來看，解決這一問題需要走出自己的小圈子，解放封閉的自我，將自己融入集體的環境之中。在集體中不要過多強調自己的利益，而要學會主動承擔責任，與他人和諧相處。

以自我為中心的心理並不是在短時間之內能夠形成的，所以想要擺脫這種心理也並不是那麼簡單的。相比從心理上徹底根除這種錯誤心理，從溝通環境中將這種錯誤心理排除顯然要簡單一些。具體來說可以有以下幾種方式：

第二章　暴力溝通的表現

▌溝通中要少說多聽

少說並不是不說，多聽則要認真傾聽。相比自己在溝通中誇誇其談，我們要更多去傾聽對方的觀點。溝通的天平保持平衡是溝通最理想的狀態，但這種情況很少會出現。即使是再和諧的溝通，溝通雙方也沒有辦法從中獲得均利。所以說溝通中的平衡狀態只是一種理論上的平衡。

想要克服溝通過程中以自我為中心的心理，我們首先要控制住自己的表達欲望，不要想著讓天平傾向自己這一邊。其次，在控制自己表達欲望的同時，還要認真去傾聽別人的觀點，並適時給予一定的回饋，這樣溝通才能順利地進行下去，溝通的天平也不會出現太大的傾斜。

▌溝通中少用「我以為」

在溝通過程中，有些詞句在表達意思的時候會存在明顯的傾向性。像是那種十分肯定的表述就容易引起他人的不滿。大多數人在溝通過程中都喜歡使用「我以為」、「我認為」、「我覺得」這樣的詞句展開自己的觀點，看上去並沒有什麼問題，但實際上，這些詞句中卻隱含著一定的以自我為中心的意味。

在溝通過程中，每個人都是在表達自己的觀點。如果我們的觀點是客觀的，對方就比較容易認可和接受，但如果我們的觀點是主觀的，對方就不太容易接受。而「我以為」、「我認為」這些詞句本身就代表著一種主觀的表達，如果在這些詞句後面沒

> 你的「我以為」是愚蠢的代名詞
> ——以自我為中心很讓人厭惡

有相應的根據客觀事實的論述,單純表達自己的感受,就很容易被人看作是一種愚蠢的表現。

　　盡量少用這些帶有主觀表達意味的詞句,更多從客觀的角度進行內容論述。這樣才能表達出讓對方信服的觀點,才能讓溝通取得良好的效果。

　　作為一種典型的暴力溝通行為,溝通過程中以自我為中心是十分錯誤的溝通方式。但在這裡我們還需要強調一點,那就是以自我為中心的度的問題。在溝通過程中,以自我為中心是錯誤的,但堅持自己的觀點卻並沒有錯。

　　溝通是一個雙向的過程,對方會表述自己的觀點,我們也會表達我們的觀點。觀點一致的時候,溝通自然會順利地發展下去,但當觀點不一致的時候,溝通就會出現一定的障礙。

　　這時我們需要比較的就是誰的觀點更客觀,誰的觀點更正確,如果我們的觀點是正確的,那我們就要堅持。即使對方找到其他觀點來反駁我們的觀點,我們也應該繼續堅持。這種堅持並不是以自我為中心,對於這一點,我們需要區分開。

　　是堅持觀點還是以自我為中心,其關鍵在於我們自己的觀點是否是客觀的、正確的。如果一味堅持自己的錯誤觀點,不斷反覆強調自己的主觀觀點,那就是以自我為中心。如果堅持自己客觀的、正確的觀點不動搖,那就是有立場地堅持自己的觀點,兩者是不相同的。

第二章　暴力溝通的表現

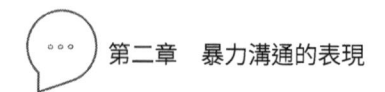

在溝通過程中，少說多聽、少使用主觀性詞句，這是改變以自我為中心的表達的重要步驟，但卻並不是全部步驟。作為一種心理缺陷，想要完全克服以自我為中心的心理還需要進行許多其他方面的努力。

多掌握一些反暴力溝通的技巧，才能讓我們的溝通更加有效。

不是每個人都願意當你的「垃圾桶」
—— 帶著情緒說出的話都是「暴力垃圾」

反暴力溝通箴言

「氣話」就像是語言垃圾一樣，沒有任何人喜歡承受「氣話」，所以別把別人當成「垃圾桶」，有「氣話」對著垃圾桶說。

在前面的小節中我們講到了溝通過程中的批評，其中有一點就是由於情緒不佳導致說出批評他人的話語。在這一小節之中，我們著重來談一談帶著情緒說話對溝通會造成哪些影響。

實際上，在絕大多數溝通情境中，帶著情緒說出來的話往往帶有一定的暴力因素。這些話語更多會表現為一種暴力語言，因此帶著情緒說話也被認為是暴力溝通的一種表現。

不是每個人都願意當你的「垃圾桶」
——帶著情緒說出的話都是「暴力垃圾」

情緒是一個心理學名詞,是一種心理和生理狀態的表現。情緒既是一種主觀的感受,同時也是一種客觀上的生理反應,其更多表現為一種社會表達。在反暴力溝通中,帶著情緒說話往往指代的是帶著負面情緒去進行溝通、表達,這種溝通方式往往會造成很不好的溝通效果。

帶著負面情緒的人,他在溝通過程中往往會表達出很多負面的、暴力的東西。這些負面的、暴力的東西更像是一種語言垃圾,帶著負面情緒的人會在溝通過程中傾倒這些語言垃圾。如果此時面對的是自己親近、能夠理解自己情緒的人還好,他們會為我們清理這些語言垃圾。但如果在與關係不那麼親近的人溝通時去傾倒這些語言垃圾,後果就沒有那麼簡單了。

沒有人願意成為溝通過程中的「垃圾桶」,沒有人會平白無故地清理我們製造的語言垃圾。換位考慮也一樣,如果別人在溝通過程中帶著情緒向我們大吵大叫,我們也會生氣,也會反擊,正常的溝通也會隨之戛然而止。

「鈴鈴鈴」,M小姐的鬧鐘已經響了三次,M小姐依然趴在床上不想起來。

「幾點了,還不起床,早餐都涼了,不知道嗎?」M小姐的母親在客廳大喊道。

還沒等M小姐反應過來,母親已經趕到臥室將M小姐的被子扯到了地上。

第二章　暴力溝通的表現

「看妳懶成什麼樣了，這樣還能嫁出去嗎？我一天天伺候你們父女，一個吃完飯就走，一個賴著床不起來。以後你們愛怎麼樣怎麼樣，我不管了！」說完，母親就推開房門走了出去。

M小姐對於母親的這種態度已經習以為常，開始慢慢穿起衣服來。沒過多久，母親又來到M小姐的門前，柔聲地說道：「快點來吃飯，飯菜都涼了，剛才我態度不好。」

很多人都有過上面故事中M小姐的經歷。有些時候，在面對我們平時接觸不多的人時，我們往往能夠心平氣和地與他們進行溝通。而當我們面對那些熟悉的、親近的人時，卻往往難以控制自己的情緒。

這並不是因為我們內心的自私，而是當我們心情不好的時候，與我們親近的人最容易觸碰到我們內心中的傷心事，這會引發我們心裡的不舒服。這時我們內心的悲傷情緒就會被激發，從而讓我們在對話中或多或少夾帶一些情緒上的因素，也讓溝通中產生了言語上的暴力。

不良的情緒需要宣洩，但並不應該透過溝通這個方式來進行宣洩。在溝通過程中，如果帶有不良情緒，在表達上就很容易出現語言暴力，溝通的效果也將會受到很大的影響。

H女士和父母一同生活在公寓大樓裡面，H女士的父親身體健康，母親卻患有很嚴重的心臟疾病，因此需要在安靜的環境中靜養。公寓裡面的鄰居也都知道H女士的母親需要靜養，平時也很注意不製造出過大的噪音。但最近新搬來的幾戶人家

> 不是每個人都願意當你的「垃圾桶」
> ——帶著情緒說出的話都是「暴力垃圾」

卻給 H 女士製造了不小的麻煩。

公寓中有幾戶人家剛剛搬來不久，這幾戶人家的小孩經常在樓梯間跑跑鬧鬧，讓 H 女士不得安寧。由於最近在趕工作進度，以及母親的原因，H 女士情緒激動地找到幾個正在打鬧的孩子，嚴厲喝斥了他們。但沒過幾天這些孩子又恢復了吵吵鬧鬧的狀態，H 女士只得繼續大吼那些孩子。

H 女士的舉動引來了孩子父母的不滿，鄰里關係一下子陷入緊張狀態。這時 H 女士的父親來到孩子們身旁，慢慢地說道：「老奶奶身體不好，你們這樣喊叫會嚇到老奶奶的，拿著這些糖果去別的地方玩耍吧！」聽了老人的話，孩子們接過糖果答應了老人的要求。孩子的父母知道情況以後，也向 H 女士表達了歉意，在接受道歉的同時，H 女士的臉頰也因為不好意思而變得紅通通的。

暴力溝通和反暴力溝通在很多時候往往只是一線之隔，用力過猛跨過了這條線，就會引發暴力溝通事件。掌握好一定的限度，溝通就會順利地進行下去。在這裡情緒就是一條線或者說是一個限度，慷慨激昂的表達也是一種帶有情緒的表達，這種表達就不會對溝通造成不良的影響。這是因為我們此時的情緒是積極的、向上的，所以在表達的時候也會呈現出一種積極向上的表達。

帶有負面情緒的表達則不同，帶有負面情緒的表達往往會傳遞一種負面的訊息，也就是一種語言暴力。在面對一個急待

第二章　暴力溝通的表現

解決的問題時，說話帶著情緒會讓問題變得十分棘手。當面對一個帶著負面情緒說話的人時，我們自己也很難保持冷靜，當雙方的情緒都累積到一定的程度之後，溝通就會演變成一種負面情緒的相互宣洩，很有可能引發超越溝通的暴力行為。

想要解決這種問題，最根本的方法就是盡量克服自己的負面情緒，當自己情緒不穩定的時候需要及時釋放，不要讓不良情緒影響我們的判斷和溝通。

克服不良情緒說起來簡單，想要真正做到卻並不容易。在溝通過程中，如果沒有辦法從根本上克服不良情緒的產生，我們可以嘗試著將不良情緒隔絕在溝通之外，讓不良情緒對溝通的影響最小化。下面有幾種方法可以讓你做到這一點：

▍換位思考，從別人的感受出發

試想一下如果一個絮絮叨叨的人正在對著我們宣洩自己的負面情緒，我們會產生一種怎樣的心情。在想清楚這一點之後，再去看看自己在情緒不佳的時候，在溝通中是如何進行表達的。在溝通過程中，沒有人願意成為出氣筒，己所不欲，勿施於人，這一點非常重要。

處於不良情緒狀態的人很難控制自己的情緒和表達，這是很正常的。在溝通過程中，如果我們能多去考慮一下別人的感受，這種不良的情緒狀態可能就不會擴散出去，不將自己的壞情緒透過溝通傳播給別人，這是反暴力溝通的一個重要要求。

不是每個人都願意當你的「垃圾桶」
——帶著情緒說出的話都是「暴力垃圾」

■ 善於求助，不要自己一個人承擔

溝通不能傳播語言暴力，這並不是說當我們處於負面情緒狀態下時就只能封閉自己，不去與他人進行溝通。溝通不僅可以傳遞雙方的觀點，溝通還可以幫助我們解決一些實際問題。我們可以透過溝通將自己的負面情緒告知給別人，讓對方幫我們分析其產生的原因，並提供一些消解負面情緒的方法。

很多人認為負面情緒可以透過語言宣洩出去，這種想法往往是錯誤的。負面情緒帶來的語言暴力不僅會讓溝通陷入僵局，同時還會引發超出溝通範疇的暴力事件。真正解決負面情緒的方法是找到合理的傾訴對象，負面情緒的表達不需要大吼大叫，只需要心平氣和的訴說。

■ 等一等，讓溝通多一點空白

帶著負面情緒溝通並不是一件好事，那我們不妨將溝通暫時擱置，自己先冷靜一下，不要去急於回答對方的問題，給溝通留出一點空白。這一點小小的空白可以讓我們的頭腦冷靜一段時間，在這段時間之中，我們可以將負面情緒和自己想要表達的內容隔離開來，這樣在溝通中就不會存在摻雜著負面情緒的語言表達了。

深呼吸，放鬆身體，這些簡單的動作就可以平復我們的心情。雖然沒有辦法徹底消除負面的情緒，但至少可以讓我們在溝通過程中不再受到負面情緒的左右。很多時候，當溝通順利

第二章　暴力溝通的表現

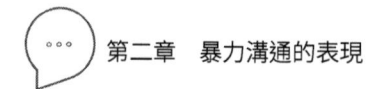

結束之後，原有的負面情緒也跟著一併消失不見了。

上面所說的都是如何不帶著負面情緒去溝通的問題，那麼當我們在溝通過程中，正面對著一個被負面情緒所控制的人時，又該怎麼做呢？

如果選擇與他針鋒相對，都使用暴力的語言進行溝通，那這場溝通就會變成一場「口水戰」，嚴重的還會變成一場「肉搏戰」。面對因負面情緒而使用語言暴力的人，我們應該去理解他們，在理解的基礎上再對這一行為展開行動。

如果我們還沒有理解他們在溝通中出現語言暴力的原因，就盲目地採取行動，就會很容易讓他們變得更加暴躁，這隻會加重他們的不良情緒。

治病講究對症下藥，溝通中也要「因病施治」，找到他們負面情緒產生的根源，針對這一根源展開治療，才能解決這種語言暴力的問題。

習慣將不良情緒帶入溝通中的人要注意時刻控制自己的情緒，遇到將不良情緒帶入溝通中的人要幫助他們消解不良情緒。只有溝通雙方共同努力，才能夠從根本上解決因不良情緒而產生的暴力溝通問題。

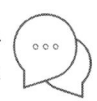

喜歡插話的人，一般都沒什麼腦子
—— 頻繁打斷別人不僅暴力，而且還沒水準

> **反暴力溝通箴言**
>
> 在溝通過程中，打斷別人的敘述是沒有禮貌的行為，這種行為不僅沒有禮貌，而且十分暴力，是暴力溝通的重要表現之一。

在溝通過程中，總是有一些人，他們往往會表現得很積極，總是在別人還沒有說完話的時候就打斷別人，然後開始展現自己的風采。打斷別人說話的行為往往會被認為是不禮貌的行為，但卻很少會被看作是一種暴力的溝通行為。

實際上，在溝通過程中，打斷別人的敘述，尤其是頻繁打斷別人的話，正是暴力溝通的一種重要表現。英國著名哲學家法蘭西斯・培根曾說：「打斷別人說話，亂插話的人，甚至要比發言冗長的人更令人討厭。」

打斷別人說話確實是一種不禮貌的行為，不論是什麼原因，自己的話還沒有說完，就被別人打斷，感覺都不會太好。

由於工作上的失誤，S總的公司丟掉了一筆大訂單。S總十分生氣，特意召開了總結大會，把在場的所有人逐一數落了一番，即使這樣，S總還是覺得很氣憤，又繼續數落起手下的員工來。

第二章　暴力溝通的表現

　　S 總正在繼續著自己的批判發言，小 M 卻站了起來，直接打斷了 S 總的話。小 M 剛說：「其實這次事情的原因……」S 總就大喊道：「你給我滾出去，還沒輪到你說話！」由於小 M 的原因，S 總的訓斥聲又提高了一倍，同時又把所有人都大罵了一遍。

　　我們先不去考慮 S 總的行為是否正確，單看小 M 的做法。很顯然，他打斷了 S 總的發言，可能 S 總的話確實不對，但小 M 的這種行為明顯是欠考慮的。這無疑是火上澆油的舉動，小 M 以為自己的話可以澆滅 S 總心頭的怒火，結果卻讓 S 總的怒火越燒越旺。

　　S 總會越來越生氣，與小 M 打斷他的敘述存在著很大的關係。如果沒有小 M 的打斷，可能 S 總再說兩句話也就會結束這次會議。當然，我們並不是說作為下屬不能夠指出上司的問題，只是指出問題要注意選擇一個合適的時機。可能小 M 在會議結束之後，私下裡和 S 總把話說明白，效果會更好。

　　小 M 的故事是一個典型的因為插話造成嚴重後果的事例。除了小 M 這種情況，還有的人就是喜歡在別人興味盎然地談論某件事情的時候，跑過來強行打斷別人的對話。這個時候，他不會管別人談論的是什麼話題，而會強行將話題轉移到自己感興趣的方面。

　　與其說他們這樣做是因為外向的性格和健談，倒不如說是他們的虛榮心和愛表現的心理在作祟。隨意打斷別人說話的行為就是不懂得尊重他人的表現。

> 喜歡插話的人,一般都沒什麼腦子
> ——頻繁打斷別人不僅暴力,而且還沒水準

在參加一檔音樂節目時,作為選手的吳克群在接受完評委點評之後,針對評委的點評給出了自己的回覆。但正當吳克群在陳述自己觀點的時候,這位評委卻一直在打斷吳克群的表達。而在評委打斷自己說話的時候,吳克群耐心地聽著評委的意見。

當評委說完自己的話後,吳克群說道:「我覺得這個問題不是出在我們的音樂觀念有所不同,而是在於當您在點評我的時候,我始終在認真地聽。而當我表達我的意見時,您卻一直在打斷我,您一直在急著表達自己的觀點,並沒有在乎我的觀點。」

吳克群的話音剛落,全場便響起了熱烈的掌聲。

在上面的事例中,評委的做法是不尊重選手的表現,即使選手的觀點確實有問題。作為評委,也應該讓選手表達完自己的觀點,然後再給出自己的意見,這位評委的做法顯然是不妥的。而反觀吳克群,他的做法很合適、很有禮貌,因此也得到了觀眾的認可。

很多時候,當我們正與別人探討一個重要問題時,其他人總是喜歡突然插入溝通的行列之中。這種做法不僅會引來人們的厭惡,同時還會打斷對話雙方正常的溝通思路,從而導致溝通的失敗。

因此,在別人談話的過程中,我們最好不要去隨便插話,不要打斷別人的溝通思路。尤其有一點,當你的上司在侃侃而談

第二章　暴力溝通的表現

的時候，不要嘗試著去打斷他的敘述，你需要等待他將自己要講的內容講完。明智的領導會在自己發表完講話之後，給予員工一定的表現空間，這個時候就是你暢所欲言的最佳時機。

打斷別人說話十分暴力，搶奪別人的話自己來說同樣是一種暴力溝通行為。其實從本質上來說，搶奪別人的話來說也是打斷別人說話的一種形式。

例如：當兩個人正在興致勃勃地談論著一部電影時，一個人介紹了這部電影的男主角，另一個人正打算詳細介紹女主角的時候。突然，在他們身邊出現了一個人，沒有徵得他們的允許，這個人便自顧自地介紹起電影的女主角來。先前的兩個人在短暫的隨聲附和之後，迅速走開了。

相比打斷別人說話，搶奪別人的話語似乎更加可惡。這會讓別人感覺這個人太過自以為是、自作聰明。正如前面的例子一樣，搶奪別人的話語只會增加別人的反感，讓別人更快地遠離自己。這並不是聰明的表現，而是一種沒有腦子的表現。

插話是一種暴力溝通行為，但也並不是說所有的插話都是暴力溝通的表現。凡事都沒有絕對，打斷別人說話是會讓人討厭，但在合適的時機和合適的情境中，使用一種恰當的方法，插話這件事就會變成一個明智之舉了。

對方正在滔滔不絕地陳述自己的觀點，但這些觀點之中存在著明顯的常識性錯誤，我們不該打斷他們嗎？對方因為心情

> 喜歡插話的人，一般都沒什麼腦子
> ——頻繁打斷別人不僅暴力，而且還沒水準

不好，在溝通過程中常常夾雜自己的負面情緒，這個時候我們不該打斷他們嗎？當對方反覆為我們解釋同一個觀點，生怕我們不理解，但實際上我們已經理解了的時候，我們不應該打斷他們嗎？

上面只是少數幾個我們可以打斷對方的溝通情境，在現實生活中，還有很多溝通情境中，我們需要適時打斷對方的表達。但該打斷是該打斷，如果不講究一定技巧的話，打斷別人說話的我們依然會遭到別人的討厭。所以掌握打斷他人說話的技巧和方法是很重要的。

再舉一個特殊的溝通情境的例子，如果一個人正在絮絮叨叨地談論著你並不感興趣的、也沒有什麼意義的話題，更何況這個話題他已經對著你說了好多遍，你要怎麼做？面對這種情況，我們似乎沒有太多的選擇，只有打斷他的敘述，我們才能獲得「解脫」。

當然，直接表達出我們對他所說的內容不感興趣，或者轉身就走，似乎有些不妥。這時候我們可以採用一些委婉的說法來打斷他們的話語。我們可以藉口自己還有事情來結束對話，或者做出頻繁看手錶的舉動來引起對方的注意，透過這種方式既可以結束這段無聊的對話，同時也可以維護對方的面子。

下面有幾種不同溝通情境中，打斷別人說話的技巧和方法。但在具體應用的時候，還需要根據當時的環境和條件加以選擇、調整。

第二章　暴力溝通的表現

當對方心煩意亂，被負面情緒影響而滔滔不絕時

在這種溝通情境中，我們首先要明確對方心煩意亂的原因，了解清楚問題的根源之後，才能夠去解決後續的問題。這種時候我們不能盲目打斷對方的敘述，我們應該順著對方的思路，逐漸將其從負面情緒的陰影中解脫出來。

當對方走出負面情緒的陰影之後，我們可以用委婉的方式打斷對方的敘述。這時，我們可以選擇終止對話，也可以選擇開啟新的話題，幫助對方更好地擺脫負面情緒的困擾。

當對方反覆陳述同一個話題，或不斷針對同一個觀點進行論述時

在這種溝通情境中，我們必須要打斷對方的敘述，因為對方不斷陳述同一個觀點，很可能是擔心我們沒有理解。如果這時我們依然選擇傾聽對方的敘述，對方就會執著於這個話題，繼續論述下去。這時採取一種合理的方式打斷對方的敘述，才是最好的方法。

這裡說的合理的方式就是將對方的意思總結成為一句簡短、精練的話。用這種綜述的方式總結對方的觀點之後，我們就可以打斷對方的敘述了。這時我們可以選擇讓對方展開後續觀點的論述，同時也可以選擇引出新的話題，雙方展開討論。

當對方正在與別人談話時

在這種溝通情境中，我們作為第三談話者，需要等待對方

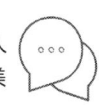

與別人完成談話過程之後，再與對方展開溝通。當然，如果因為急事想要打斷對方的談話，我們可以首先用手勢跟對方打招呼，表示出自己有要緊事要談。

然後再緩緩走向對方，如果這時對方停止了談話，並走向我們，這就代表我們可以在此刻與對方展開對話。但如果對方沒有停止談話，並用手勢示意我們稍等片刻，那我們最好還是停下腳步，稍等片刻為好。

不認真的讚美，聽起來怎麼都像罵人
── 比暴力批評更傷人的是暴力讚美

> **反暴力溝通箴言**
>
> 讚美是最美的語言，如果讚美用錯了地方也就成了最「暴力」的語言。讚美別人要發自內心，不認真的讚美是一種「暴力讚美」。

讚美是一種美德，讚美也是一種最美的語言，真誠的讚美會給人奮發向上的動力，會讓人對未來充滿希望。有真誠的讚美，就會有不真誠的讚美，那些不由心而發的讚美就是不真誠的讚美。

很多時候，不認真的讚美要比批評更具危害性。不認真的

第二章　暴力溝通的表現

讚美會讓人覺得是一種包裹著「糖衣」的諷刺，這與拍馬屁式的奉承還有一定的區別。

在生活中，大多數人並不擅長去讚美別人，也有些人因為讚美而變得左右逢源。讚美是件好事，但這件好事能否發揮真正的效果，還要看使用者如何去用它。

小J是一個典型的程式設計師，之所以說他是「典型」，主要是因為小J這個人無論是在衣著，還是在性格方面都很有程式設計師的感覺。當然，他的工作也正是一名程式設計師。沉默寡言的小J不太擅長與人交際，與同事間的互動也比較少。

在一次慶祝晚會上，女同事們表演完節目之後，輪到男同事表演。但10多個男同事裡沒有一個人去前面展示才藝，部門主管也不知道如何是好。這時小J自告奮勇走上舞臺，小J剛一開嗓，下面的氣氛就被點燃，同事們隨著小J的歌聲興奮了起來。

表演結束之後，男同事們紛紛讚美小J歌唱得好，「看不出來啊，你還有這一手」、「你這不正常啊，平時下苦工了吧」。小J卻並沒有因為同事的這些讚美而高興起來，反而還感到了一絲絲挖苦的味道。

在上面的事例中，小J因為完美的才藝展示得到了同事的讚美，但在不絕於耳的讚美聲中，小J卻聽到了一些讓自己並不愉快的聲音。這些讚美看上去是在表揚小J，但實際上卻蘊含著一種諷刺的意味。就好像小J不應該會唱歌，小J不應該比他

不認真的讚美，聽起來怎麼都像罵人
——比暴力批評更傷人的是暴力讚美

們強一樣。

上面的事例中，同事們對小 J 的讚美就是不認真的讚美，這也讓小 J 從中感覺出了不和諧的意味。很多時候，這種不認真的讚美要比直接批評別人顯得更加沒有禮貌、更加暴力。但就是有人喜歡用這種不認真的讚美來「表揚」比自己優秀的人。

人人都喜歡被讚美，但這種不認真的讚美卻沒有人喜歡，因為人人都看得出這種讚美並不真誠，更像是一種拐彎抹角的謾罵。想要讓讚美認真，讓別人更容易接受，就要掌握一些讚美的技巧。

首先，想要學會認真的讚美，一定要注意下面兩個重要內容：

讚美的落腳點不應該是結果

當我們選擇讚美別人的時候，最終的落腳點，也就是我們需要讚美的東西不應該是事情的結果，而應該是達成這件事情的內在原因。

舉個例子來說，當我們在思考一個方案的時候，始終沒有頭緒。這個時候，公司的同事過來幫忙，在他的幫助下，你的方案很快就做了出來。這時我們需要表達自己的感謝，如果我們說「沒有你我的方案不能完成得這麼快，謝謝」。這種表達雖然沒有問題，但是卻容易讓人產生誤解。

上面這種讚美的表達就是在說結果，而沒有注重讚美內在

原因。如果我們說「你的思路真是靈活，要讓我自己想非得想到明天不可，本來你不需要加班的，你真是太好了，謝謝」。這種表達的落腳點就是內在原因，而不是結果，我們讚美的是對方的頭腦靈活和樂於助人的美好特質，這樣對方也更容易理解和接受。

讚美要注重說細節

有時候我們的讚美無法產生效果，主要的原因就是我們讚美別人的時候顯得太過空泛，語言也過於空洞。這樣的讚美很難讓人產生深刻的印象，也很難讓人真正開心起來。當我們要讚美別人衣服漂亮的時候，如果單純說「妳穿這件衣服真漂亮」，那麼在對方看來，你可能還沒有仔細看就說出漂亮話了。

換一種說法就會顯得很合適，很容易讓人接受。在讚美別人衣著漂亮的時候，如果我們說「妳今天穿得真漂亮，這件黑色上衣很顯瘦，短版的衣服也能顯出妳的腿很長，衣服的顏色也顯得很年輕，很適合妳」。這種讚美的表達在對方聽來就很有誠意，因為你的讚美中加入了細節，就是這種細節之處的讚美，顯現出了你的誠意。

想要讓讚美變得悅耳動聽，除了要注重上面兩點內容，還需要掌握一些讚美他人的技巧。一般來說，讚美他人的技巧主要有以下幾種：

不認真的讚美，聽起來怎麼都像罵人
——比暴力批評更傷人的是暴力讚美

▌用提問的方式讚美

在與自己的主管或長輩進行溝通時，如果想要讚美對方，就可以採用提問式的讚美方法。無論使用哪種讚美方法，讚美必須要發自內心，不真誠的讚美即使再有技巧也發揮不了好的效果。

用提問的方式讚美往往是表達一種尊敬。舉個例子，如果臺上的演講者正在進行演說，全程半個小時沒有一點停頓，內容豐富、情緒激昂。那麼當演講者走下臺之後，我們就可以說：「我們要怎麼訓練才能達到您這樣的演講水準？」看上去這並不是一句標準的讚美的話，但實際上其所表達的讚美意味要遠勝於其他讚美方式。

▌用專長去讚美

這種讚美技巧應用得更加普遍，同時也更能夠得到對方的認可。這種讚美技巧主要用於稱讚對方是某個方面的專家，或者說對方在某個方面擁有高人一等的能力。如果想要使用這種讚美技巧，我們需要做的就是找準對方的興趣和專長。

比如說當要設計一個方案的時候，需要插入幾幅精美的圖畫。這時我們可以說「P君在這方面很擅長，他自學的藝術設計，我看過他之前的作品，都非常優秀」。這種讚美技巧更加容易讓對方接受，同時還相當於給對方貼上了「某方面很優秀」的標籤。

097

第二章　暴力溝通的表現

▎用故事去讚美

　　用講故事的方式去讚美別人也是一個重要的讚美技巧，但這種讚美技巧在應用的時候，更多會出現在親子溝通之中，大多會發生在父母和孩子身上。也正因為如此，這種方式的讚美才能夠更好地發揮效果。

　　用故事讚美往往是因為孩子做對了某件事情，身為父母對孩子進行讚美。一般來說，講故事的方式會讓孩子更好地記住這件事，記住做好事這種行為。因此用故事進行讚美往往會加深孩子的印象，讓孩子以此為榮，從而逐漸培養起孩子樂於助人等優秀特質。

▎用別人的話去讚美

　　這種讚美技巧也叫做第三者讚美，或間接式讚美。主要是藉助別人的口吻來表達自己的讚美之意，從而達到更好的效果。這種方法可以加深讚美的程度，讓對方感覺到有更多的人在讚美自己，更容易認可這種讚美。

　　比如：當我們想要讚美自己的同事工作認真時，如果單單說「我覺得你這個人工作的時候很認真」，雖然準確表達出了讚美的意思，但這種讚美會顯得有些單薄，說服力並不太夠。但如果這時我們說「之前王總找我談話，說你是辦公室最認真的人，現在一看還真是啊」，用別人的話進行讚美，就會增加讚美的力度，也會讓對方更容易認可這種讚美。

不認真的讚美，聽起來怎麼都像罵人
——比暴力批評更傷人的是暴力讚美

在背後贊美別人

背地裡說別人壞話很不好，但背地裡說別人的好話卻是個很好的讚美技巧。當我們想要讚美一個人的時候，可以和他的好朋友說這件事，這種讚美就會經由他好朋友的口傳遞到他的耳朵中。一般來說，在背後讚美別人會涉及第三者，所以在效果上往往要比兩個人面對面讚美的效果好得多。

讚美是一門藝術。有技巧的讚美能夠讓上司更加欣賞，讓同事更樂於幫助，讓下屬更賣力工作，讓客戶更願意合作。懂得並善於讚美別人的人往往會擁有很好的人際關係，在開展各項工作的時候也會更加順利。

真誠的讚美是人際交往的潤滑劑，有效的讚美可以縮短人與人之間的距離，使雙方產生親近感。但不認真的讚美卻像是一根尖刺，不僅讓對方感受不到親近感，同時還可能會刺傷對方，影響雙方的感情。

掌握不好讚美的分寸會讓讚美變了味道，過分讚美是阿諛奉承，表面讚美則是敷衍迎合，不合時機的讚美會讓人心生厭惡。為了能夠讓讚美取得好的效果，多動腦子、多認真是十分必要的。

099

第二章　暴力溝通的表現

別爭了，溝通中沒有「金話筒」
—— 溝通不是辯論，沒必要爭奪話語權

> **反暴力溝通箴言**
>
> 　　在溝通過程中，一問一答並不是最好的溝通狀態，只問不答當然也不是。溝通的最佳狀態很難掌控，但最不好的溝通狀態卻很好定義，那就是溝通雙方互爭話語權。

　　在溝通過程中爭奪話語權和打斷別人的話語並不是同一種暴力溝通行為，這一點是首先要明確的。前面小節中講到的打斷別人的話語是一種暴力溝通行為，這種暴力溝通行為的根源在溝通者過強的表現欲望。

　　在溝通過程中，溝通雙方相互爭奪話語權的行為，從其根源上來講也是由於自我表現欲望過強所導致的。但在具體的表現上，爭奪話語權的行為卻與打斷別人話語的行為存在著很大的不同。

　　爭奪話語權的行為不僅存在打斷對方話語的表現，更多的是表現在個人獨占話語權，而不給對方留出說話的機會。在辯論情境中，如果沒有裁判和辯論規則的束縛，正反雙方的溝通過程就會很容易變成爭奪話語權的過程。哪一方將話語權搶奪到了手中，哪一方就會更充分地展示自己的觀點，同時也就更

> 別爭了，溝通中沒有「金話筒」
> ——溝通不是辯論，沒必要爭奪話語權

能在對抗中戰勝對方。

辯論情境中需要對抗，因此雙方會相互搶奪話語權。但在生活的溝通情境中，溝通雙方並不存在對抗的關係，因此就不需要相互爭奪話語權。在正常的溝通情境中，相互爭奪話語權的行為是一種十分嚴重的暴力溝通行為。

K君和H君走在上學的路上，兩個人正在討論著關於人氣動畫的最新進展。兩個人正走在路上，M君突然從後面「偷襲」了他們。三個人一陣歡鬧之後，一同朝著學校的方向走去。

K君和H君仍然在探討著動畫的最新進展，M君並沒有看過最新一期的內容，對此十分好奇，想要讓K君和H君講述一下最新的動畫劇情。這一請求讓兩人瞬間充滿了活力，K君擠開H君來到M君身邊，摟著M君的肩膀講了起來。

K君剛剛講了一部分，H君就推開K君，代替K君為M君講解動畫的劇情。雖然兩人講解的內容是一樣的，但H君依然選擇從頭講起。K君聽了兩句後，嘗試著用手推開H君，想要為M君講述動畫的後續內容。H君卻仍然自顧自地說著，就這樣，兩人從原來的小動作，逐漸演變成了大動作，最終在學校門口打起來，好在老師及時趕到，才沒讓事態繼續擴展。

原本是一件很小的事情，為什麼會逐漸演變到大打出手的地步呢？原因很簡單，因為在三個學生溝通的過程中，K君和H君都想要自己講述人氣動畫的最新劇情，兩人從最初爭奪話語權的行為，逐漸演變成大打出手的行為。

第二章　暴力溝通的表現

很多時候，暴力溝通行為如果沒有得到及時遏制，很容易跳出溝通的範圍，發展成暴力行為。這是暴力溝通的一個最壞後果，暴力溝通行為傷害了對方的內心情感，暴力行為則會傷害對方的身體健康。因為小小的暴力溝通行為，造成巨大的傷害並不是溝通雙方想要的結果。

爭奪話語權這種行為並非在任何溝通情境中都是有害的，在前面我們也提到了在辯論情境中，其就是一種爭奪話語權的溝通過程。很多時候，在一些溝通情境中搶奪話語權也並不能完全認為是暴力溝通行為。

比如說，在法庭辯護之中，雙方律師之間所進行的就是爭奪話語權的溝通行為。雖然法庭規則決定了雙方的說話時間和順序，但其內在仍然是一種爭奪話語權的溝通行為。

在商務談判中，沒有了說話時間和順序方面的規則限制，爭奪話語權的行為表現得更加淋漓盡致。在這樣的溝通情境之中，誰搶到了話語權，誰就能夠把握溝通的大局，從而迎來最終的勝利。

雖然有些溝通情境中，溝通雙方需要爭奪話語權，但在絕大多數溝通情境中，爭奪話語權的行為仍然是一種暴力溝通行為。

當溝通雙方的關係非常好時，爭奪話語權的行為可能會被這種好關係所沖淡或並不會對溝通造成過多的影響。但當我們

別爭了，溝通中沒有「金話筒」
—— 溝通不是辯論，沒必要爭奪話語權

在陌生的溝通情境中或與並不熟悉的人進行溝通時，爭奪話語權的行為就會對溝通造成十分惡劣的影響，最終還會傷及雙方的感情。

T先生是個「老實人」，在性格上是如此，但在某些方面卻並不能這麼說。T先生在一家集團工作，絲毫感受不到生活的壓力。很多時候，有壓力是件壞事，但在有些時候，有壓力也可能是一件好事。T先生可能就是壓力太少，所以在溝通時喜歡和別人搶話說。

T先生在集團算是老資歷了，雖然在職位上可能表現得不明顯，但在年資上卻很少有人能和他相比。由於在資歷方面的優勢，T先生在和別人搶話方面也很有優勢。新來的小職員在匯報工作的時候，T先生三兩句話就把話題「搶」了過來，小職員不敢說什麼，只得在一邊賠著笑，最後用了一個小時才把工作彙報完。

即使是在主管開會發言的時候，T先生也能把話題搶過來。當然，當對方的職位比自己高的時候，T先生就會稍微安分一些。T先生的這個習慣雖然沒有為自己帶來什麼麻煩，卻給別人帶來了不小的麻煩。但由於T先生的資歷擺在那，也沒有人去和他爭執，大家都會選擇盡量躲著T先生。

T先生的暴力溝通行為並沒有為自己帶來太多的麻煩，卻給別人帶來了不小的麻煩。對於T先生來說，搶奪話題已經成了自己的一種習慣，更嚴重的是，T先生自己並沒有察覺到這種習慣的不好。

103

第二章　暴力溝通的表現

很多時候，爭奪話語權的行為在沒有造成一定實質性的損害時，並不容易被人察覺。但如果這種行為造成一定的損害後，再去反省就已經晚了。所以，趁早察覺到這種行為是十分必要的。

其實有一種溝通情境能夠很好地改變這一行為習慣，那就是無領導者小組討論。

無領導者小組討論主要是指由一些應試者組成一個臨時的工作小組，在一起討論一個既定的問題，同時做出相應的決策。無領導者小組討論的有趣之處在於這個小組是臨時組成的，並不會指明負責人，因此在這個小組中每個人的身分都是平等的。

即使在知識水準和經驗上存在高下之分，在溝通層面上，他們的身分也是平等的。這也就是說，小組中的成員都有平等地發表自己言論的權利。因此，在這個小組中的每個成員都需要考慮自己如何去發言，同時還需要考慮對方在發言時自己應該做些什麼。

在這種溝通情境之中，搶奪話語權是個十分關鍵的問題，是否應該搶奪，應該何時搶奪都是小組成員們需要考慮的問題。當對方表達的觀點與問題有誤時，應該將話語權搶過來，自己進行表達。當對方表達的觀點正確時，打斷對方就顯得有些不合時宜。

別爭了，溝通中沒有「金話筒」
—— 溝通不是辯論，沒必要爭奪話語權

無領導者小組討論考察的並不是誰把握話題的能力更強，而是誰在討論中表現得更好。有些人在討論過程中只說了一句話，順利通過了考核；有些人全程都在說話，卻並沒有通過考核。所以說並不是掌握了話語權就是好的。

在其他溝通情境中也是一樣，話語權應該是溝通雙方輪流掌控的，任何一方過多地掌握話語權都會讓溝通的天平出現傾斜。溝通是否有效不在於我們說的話是多是少，而在於溝通時雙方配合的是否默契，是否形成了完美的溝通環境，這些因素才是決定溝通是否能夠成功的關鍵。

大多數人都會厭煩搶奪話語權的行為，這不僅會影響說話者的思路，同時還會讓溝通走向歧途。所以不搶話應該是每個人在溝通中都應該做到的一點。除了不搶話，想要讓溝通有效進行，我們還需要學會制止別人搶奪話語權。

當我們在說話時，對方強行將話題轉向自己的方面，我們可以先安靜傾聽一下他們的敘述，隨後就需要及時提醒他們，將他們拽回到原有的話題之中。如果對方仍然一意孤行，我們就可以採取稍微強勢一些的方法來把話題搶奪回來。

在溝通過程中，搶奪話語權的行為是暴力的，但同時，正確維護自己的話語權卻是正確的。如何權衡好這一點，是每個人在溝通過程中都需要考慮的問題。

第二章　暴力溝通的表現

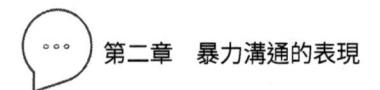

第三章
反暴力溝通的 6 原則

第三章　反暴力溝通的 6 原則

內心溫暖，語言自然動聽
── 消除語言霧霾，讓溝通充滿愛

> **反暴力溝通箴言**
>
> 「言由心生」，內心溫暖的人才能夠說出讓人感到溫暖的話。包裝精美的語言如果缺少真誠就會失去溫度，在別人耳中也就不再動聽。真正能夠打動別人的聲音是真誠的、由心而發的。

晏殊是北宋著名的詞人，在他十四歲時的一次殿試之中，宋真宗出了一道試題讓他作答。晏殊看到試題後，對宋真宗說道：「陛下，十天以前我已經做過這個題目了，草稿還在，請陛下另外出個題目吧！」看過晏殊的草稿，宋真宗並沒有再出試題，便直接賜予了晏殊「同進士出身」。

在晏殊任職期間，一到假日，京城中的大小官員就會到外面去郊遊。晏殊也很喜歡外出郊遊。但由於家中貧窮，所以沒有錢出去郊遊，晏殊就只能在家中和朋友們一起讀書。一次，宋真宗點名要晏殊擔任輔佐太子的職務，這讓很多大臣都摸不著頭緒，晏殊自己也不知道其中的緣由。

看到大家的疑惑，宋真宗解釋道：「近來大臣們經常外出遊玩，但唯獨晏殊總是在家中閉關讀書，這樣的人難道不是輔佐太子的最佳人選嗎？」大臣們聽後都點頭稱是，但晏殊卻向宋真

內心溫暖，語言自然動聽
——消除語言霧靄，讓溝通充滿愛

宗說道：「陛下，我也是一個喜歡遊玩的人，但由於家裡貧窮所以沒有錢出去遊玩。如果我有錢的話，也會和其他大臣一樣外出遊玩的。」聽了晏殊的話，宋真宗不僅沒有不高興，反而越來越信任晏殊。

從晏殊的語言表達中，我們似乎找不到一點可以借鑑的技巧，但正是這種毫無表達技巧的話語打動了宋真宗。其實，仔細分析我們可以發現，雖然晏殊的話語並沒有運用什麼表達技巧，但其中卻擁有著溝通中最為重要的「祕訣」。正是這一「祕訣」讓晏殊的話語充滿了魅力，打動了宋真宗，這一「祕訣」就是真誠。

真誠是溝通的第一步，只有內心真誠的人才能夠說出讓人感到溫暖的話語。「言由心生」，我們語言所表達的是內心的真實情感，內心中的一點波瀾都會展現在我們的言語之中，我們自己可能並不會在意這一點，但對方卻能夠完全感受到。

如果我們說話只追求外在的華麗，缺乏內在的真摯情感，對方就會感覺到對話的空洞，自然也就提不起興致來與我們溝通，失去了溫度的溝通就會迅速向著無法預知的方向發展。由於溝通的基礎出了問題，溝通也就難以為繼了。

如果我們將溝通進行細分，從心理學的角度來講，說話只是溝通中的一部分，屬於語言溝通。在語言溝通之外，還存在著非語言溝通，這裡的非語言溝通主要是指透過身體動作、體態和語調等方式進行溝通交流。關於非語言的內容我們會在下

第三章　反暴力溝通的 6 原則

面的小節中進行細緻的講解。

之所以要將溝通細分，其目的是讓大家了解到溝通的真諦貴在真誠，內心溫暖的人所表達出來的訊息，不論是語言的還是非語言的，都能夠打動他人的心。一位著名演說家說過：「在演說和一切藝術活動中，唯有真誠，才能使人怒；唯有真誠，才能使人憐；唯有真誠，才能使人信服。」的確，真誠的語言是最具感染力的語言，真誠的語言來自真誠的內心。

有一個年輕人，一有空閒就會到廣場餵鴿子，時間久了，廣場上的鴿子便跟他成了好朋友。每次他來到廣場時，即使他的手中沒有食物，鴿子也會飛到他的身邊。年輕人也感到十分神奇，便將這一現象告訴給了自己的父親。年輕人的父親並不相信他的話，要他去捉一隻鴿子來證明自己能夠接近鴿子。

年輕人答應了父親的請求，很快，他拿著食物來到廣場。原以為鴿子會再一次圍繞在自己身邊，可是沒想到這一次鴿子們都遠近高低地在他身邊飛翔卻不落在他身上。年輕人十分不解，只得留下食物返回家中。

年輕人不理解為什麼鴿子不再靠近自己，父親看著失意的兒子說道：「從前鴿子感覺到你真心喜歡牠們，所以會主動靠近你。這一次你的心中想的是要抓住牠們，牠們自然不會再靠近你了。」

鴿子們察覺到年輕人的內心發生了變化，所以不再靠近年輕人。年輕人雖然沒有說出自己要抓一隻鴿子回去的話，但他

內心溫暖，語言自然動聽
——消除語言霧霾，讓溝通充滿愛

的面部表情、肢體動作等非語言溝通部分卻讓鴿子們察覺到他內心的變化。很多時候，我們以為內心的不真誠只要不說出來就沒有人能夠知道，但實際上，對方從我們的面部表情和儀表神態上卻都能看得出這種不真誠。

真正的溝通應該是心與心之間的交流，而不應該局限在口頭上。真誠的溝通在各種場合、各種情境下都是適用的，無論是國與國之間，還是人與人之間，真誠溝通都是至關重要的。

在商務談判中，真誠溝通會發揮重大的作用。如果沒有真誠的態度，就不會有愉快的合作。前期溝通不能互相亮出需求及各自優勢，對核心問題總是遮遮掩掩不明朗，在後期合作過程中一定會產生摩擦。商務談判中一定要明確思路，己方需求及能提供的，對方能做到或需要的，這些思路的溝通是雙方建立彼此信任及合作的基礎。如果對有異議的問題不能在前期溝通中解決，到了後期就會讓對方產生懷疑，從而引發合作的不穩定。

在家庭溝通中，真誠溝通也有著至關重要的作用。在家庭環境中的真誠溝通與在陌生環境中有一些不同。具體來說，父母對於子女的管教是一種溝通，我們不需要考慮這種溝通中父母對子女的感情，因為父母對子女的感情都是真誠的。我們關注的是父母在與子女溝通時是否採用了一種溫柔的方法，是否將孩子放在了與自己平等的溝通位置上。這一點是在家庭中真誠溝通的關鍵。

第三章　反暴力溝通的 6 原則

很多時候，父母多是站在家長的角度去審視孩子身上出現的問題，在溝通過程中，也是從大人的角度去與孩子進行交流。家長和子女間的真誠溝通應該是雙方站在同等的地位，平等地進行溝通，孩子有表達自己想法的權利，父母也應該真心接納孩子的內心想法。

在溝通過程中，表達內心的真誠並不需要透過擴大自己說話的分貝，而是要表現出一種真摯的態度和情感，傳遞到對方的心中。這樣對方才會以同樣真誠的內心來對待我們，在這種氛圍下的溝通才能夠順利地進行下去。

子曰：「巧言令色，鮮矣仁。」——《論語‧學而第一》

孔子說：「一個人專心於要自己的言辭和面色討得別人的喜歡，這樣的人是很難心中真正懷有仁德的。」

「誠者物之終始，不誠無物。是故君子誠之為貴。」——《中庸》

真誠貫穿於萬事萬物的始終，沒有真誠就沒有萬事萬物。所以，君子把真誠看作高貴的品德。

真誠的語言，不論對說話者還是對聽話者來說，都至關重要。說話的魅力，不在於說得多麼流暢、多麼滔滔不絕，而在於內心是否飽含真誠。最厲害的溝通大師不一定是最能說的人，但他一定是內心最溫暖的人，也是最懂得表達真誠情感的人。

你要給別人理解你的時間
—— 讓你的溝通不缺乏耐心

> **反暴力溝通箴言**
>
> 溝通的重點在於「通」而不在於「溝」。我們說出去的話必須要讓別人理解才行，給予別人足夠的理解時間是必要的，傾聽需要耐心，表達同樣也需要耐心。

小K在一家大型電器商場中找到了一份推銷的工作，已經工作一週，依然沒有找到推銷的訣竅。一天，一位客戶前來選購電視機，小K緊緊跟在客戶身後，不停地向客戶介紹著電視機的功能。

小K說：「這臺電視機不僅螢幕尺寸大，螢幕效果和畫質也非常好，影視資源豐富並且耗電量很小，CP值非常高。」

客戶聽著小K的介紹答道：「我看著也不錯，但我還不想這麼快下決定，我再想一想。」

聽到客戶的回答，小K認為這位客戶只是過來轉轉，並不打算購買電視機，索性就不再向客戶介紹。等小K回到自己原來的位置後發現，這位客戶已經轉到了其他專櫃，並且已經選購了同一型號的電視機。

小K十分不解，便前去詢問另一位業務員，那位業務員回答小K說：「那位客戶剛開始也說考慮考慮，但經過我不停地介

第三章　反暴力溝通的 6 原則

紹，他就不再猶豫了，如果你能多和他聊一會兒的話，他應該會買的。」

小 K 的問題出在沒有耐心上，在與客戶的溝通之中，因為缺乏耐心，小 K 失去了本屬於自己的一單生意。可能那位客戶在小 K 的介紹下已經打算購買這臺電視機了，如果小 K 繼續介紹下去，客戶就不會再去別的專櫃選購了。

做任何事都不能缺少耐心，與他人溝通也同樣離不開耐心。在我們的一生中會遇到各式各樣的人，只有耐心溝通才能將我們與他人連線起來，耐心溝通能夠化解彼此之間的陌生感，拉近人與人之間的情感距離，增進人與人之間的友誼。

與對方展開交流是一件容易的事情，但讓對方完全理解我們的觀點卻並不是一件容易的事。這時候就需要耐心來發揮作用了，在溝通過程中，只有擁有耐心才能夠靜下心來向對方解釋自己的觀點。只有擁有耐心才能夠靜下心來認真傾聽對方的想法，這樣才能夠理解對方話語中的深意。

如果在溝通過程中操之過急，不僅會讓對方無法理解我們的觀點，同時也會影響我們去理解對方的想法。在互不理解的基礎上，雙方就沒有辦法進行更為深入的交流，溝通也會因此戛然而止，落入失敗境地。

溝通是一門十分深奧的學問，但卻並不是難以理解的。耐心與前面提到的真誠一樣，都是溝通中的重要因素，真誠是溝

你要給別人理解你的時間
——讓你的溝通不缺乏耐心

通的基礎，耐心則是基礎之上的保障。人與人之間的溝通離不開真誠，溝通的順利進行也離不開耐心。

國外一個知名主持人曾採訪過一個被執行死刑的毒販，因此，毒販的妻子對主持人充滿了怨恨。一天，兩人在大街上相遇，毒販的妻子上來就給了主持人兩個耳光，附近的民眾看到後急忙報了警。但在主持人的說情下，毒販的妻子並沒有被警察帶走。

當警察走了之後，主持人和毒販的妻子一直溝通了7個多小時，從最初的案情分析到事情的前因後果，主持人詳細講述了販毒的社會危害。在她的耐心溝通下，毒販的妻子逐漸被眼前的這位女性主持人所感動。不僅如此，此後的每一年，她都會寄送祝福的賀卡給主持人以表示感謝。

作為受害者的主持人並沒有選擇讓對方接受懲罰，而是站在對方的角度上與其展開了耐心的溝通。正是這種耐心的溝通化解了對方的心結，讓對方放下心中的執念。這種做法不僅讓對方理解了主持人，同時也讓毒販的妻子從丈夫的事件中走了出來。

很多時候，在溝通過程中，很多事情並沒有辦法在短時間內說明。但這並不意味著我們可以放棄詳細說明這些事件。事實上，很多溝通中的事件看上去複雜，實際上只需要我們稍加耐心就可以表達清楚。大多數人的問題就在於缺乏溝通的耐心，而不是缺乏什麼溝通技巧。

第三章 反暴力溝通的 6 原則

英國哲學家法朗西斯・培根曾經說過:「耐心是高尚的秉性,堅韌是偉大的氣質。無論是何人,若失去了耐心,便失去了靈魂。」在培根看來,耐心就像人的靈魂一樣重要,科學家在進行科學實驗時需要耐心,哲學家在思考哲學問題時需要耐心,任何一個想要成就一番事業的人都需要擁有耐心。當然,想要與他人進行良好溝通也需要耐心,這裡的耐心不僅展現在說上,同時還展現在聽上面。

在溝通過程中,我們要靠語言表達自己的思想,大多數人認為對方是否能夠理解我們的思想是對方個人的事,但實際上,對方是否能夠理解我們的思想是我們需要考慮的事。大多數人的語言表達都帶有明顯的個人風格特徵,這就容易讓對方在理解我們的語言時產生困難。面對這種情況,多給對方一些時間去理解,在這段時間之中,我們需要耐心地向對方解釋自己的觀點、想法,從而讓對方更容易理解,保證溝通順利進行下去。

上面的內容是要我們在溝通過程中「耐心地說」,下面我們再來講一講「耐心地聽」。在溝通過程中,不僅對方難以理解我們的想法,我們想要完全理解對方的想法也是不容易的。這就要求我們耐心聆聽對方的每一個觀點和每一種表述,只有這樣我們才能夠抓住對方表述的重點,從而理解對方所說的內容。如果因為語速過快等原因,使得我們沒有完全接收到對方的訊息,那麼就讓對方再敘述一遍,我們再耐心地聽一遍就好了。

給別人足夠的時間理解我們的觀點是反暴力溝通中的一個

重要原則，我們之所以會與對方展開溝通，就是為了讓對方了解我們的觀點，並接受我們的觀點。如果我們如連珠炮似的將自己的觀點一股腦兒傾訴給對方，對方就會分不清觀點的先後，也找不到我們所要說的重點，這樣，溝通也就失去了意義。

我們傾訴的目的不是為了自己去表達，而是為了讓對方理解。如果對方在一定時間內沒有辦法理解我們的觀點，我們就需要耐心地向他們進行解釋，當對方理解了當前的觀點之後，我們再展開對第二個觀點的敘述，這樣的溝通才有效，也更高效。

直白的實話永遠勝過刻意的謊言
—— 不刻意說謊應該成為你的風格

> **反暴力溝通箴言**
>
> 　　如果說真誠是溝通過程中的「加熱爐」，那謊言就是溝通過程中的「冷卻劑」。有些話直接表達會略顯生硬，但貼上一層謊言的包裝紙後，這句話就失去了真實的意義。很多時候，一句話需要許多謊言來包裝，這樣我們就會成為謊言的「製造機」。

　　女孩小 U 是一所國立大學的大一新生，小 U 的膽子很大，敢和男生打架，打籃球也能和男生們較量一番，但唯獨害怕打

第三章　反暴力溝通的 6 原則

雷下雨。一次在學生餐廳吃飯的時候，她和同學們分享了自己害怕打雷下雨的原因。

小 U 提到自己之所以害怕打雷下雨是因為媽媽的一句謊話。在小 U 小的時候，吃飯總會在飯桌上掉落一些米粒，小 U 的媽媽為這件事說了她好幾次，但小 U 始終改不掉這個毛病。

一天，正巧外面在打雷下雨，小 U 在吃飯的時候又把米粒掉在了桌子上，媽媽知道小 U 害怕打雷，就騙小 U 說「吃飯掉米粒的話，雷公會打妳的」。小 U 當時就被媽媽的話嚇到了，此後幾次，媽媽又用同樣的話來嚇唬小 U。雖然長大後小 U 知道了這是媽媽的謊話，但每逢打雷下雨的天氣，她都不敢自己出門，生怕被「雷公打到」。

大多數孩子在童年時都會有小 U 這樣的經歷，像是「小孩子不要玩火，否則會尿床」、「在房子裡面撐傘會長不高」這樣的謊話經常被家長用來嚇唬孩子。很多時候，家長都忽視了自己是在與孩子進行溝通，而單純認為自己是在用一種正常的方法來教育孩子，孩子們害怕這種謊話，家長就正好用這些謊話來教育孩子們。

最終的結果就像小 U 一樣，很多孩子因為父母的謊話而對某些事物產生了心理陰影，即使長大後已經了解了其中的是非原理，但卻仍然不能擺脫謊言對自己的傷害。父母教育孩子其實也是一個重要的溝通過程，在這個過程中，直接使用實話所起到的效果可能並不如刻意編造的謊言效果好，但同時刻意編

> 直白的實話永遠勝過刻意的謊言
> ——不刻意說謊應該成為你的風格

造的謊言也具有許多使用實話不會產生的惡劣影響。

在父母與孩子的溝通中，使用謊話將會對孩子的成長造成許多難以預見的不良影響，雖然短期來看，教育的效果較為明顯，但從長期來看，其所產生的危害性是更為嚴重的。

不僅是父母與孩子之間的溝通，在大多數人與人的溝通之中，謊言在很多時候都要比實話聽上去更好聽，更能夠讓人接受。也正因如此，我們便開始逐漸習慣了溝通過程中出現的謊話，開始對溝通過程中的謊話視而不見。

語言是人類溝通的重要工具，我們透過語言來表達自己的思想和情感，正是語言架起了人與人之間溝通的橋梁。但很多時候，溝通中的語言往往會真假難辨，嚴重時，刻意編造的謊話經過大範圍的傳播也會變成「真話」。

溝通過程中，謊話的盛行不僅因為很多人習慣說謊話，同時也是因為很多人喜歡聽謊話。英國作家山繆・詹森說過：「一個人寧可聽一百句謊言，也不想聽一句他不願聽到的真話。」這正是在溝通過程中謊言盛行的一個重要原因。

一般來說，謊言大多帶有虛偽、詭譎、邪惡的特徵，而實話則展現著客觀、公正和真實的本質。但很多時候，刻意編造的謊言要比直白的實話更加動聽，更加容易讓人接受。

我們從小就被教育「不許說謊話」，但在任何情況下都能夠講真話的人卻是很少的，大多數人都會或多或少地講一些謊

第三章　反暴力溝通的 6 原則

話。這些謊話多是為了避免不必要的人際衝突和矛盾，多是說給那些不願意接受現實真相，或是沒有足夠的能力承受直白實話的人。

這裡的謊話指的就是「善意的謊言」。謊言是不道德的，「善意的謊言」則要根據不同的場合來判斷其特徵，很多時候，說出「善意的謊言」的人往往是為了顧及別人的感受。同時，「善意的謊言」往往出現在一些非說不可的情況下，例如替家人隱瞞病情，「善意的謊言」必須出於善意的目的，這是決定其性質的關鍵因素。

刻意編造的謊言不同於「善意的謊言」，它並不具有善良的目的，很多時候都是說話者為了達到自己的特定目的而編造的假話。在反暴力溝通過程中，「善意的謊言」不可多說，刻意編造的謊話則不應該說。雖然直白的實話在很多時候難以入耳，但這往往就是真相的本來面目。

在一次採訪中，中國獨立媒體人柴靜表達了自己不斷披露事實真相、面對社會現實的態度。

在柴靜看來，以前在做每一期節目的時候，她都希望能夠改變社會的現實，推動事態的發展。但這麼多年來，她逐漸認識到了一個節目、一個記者所具有的局限性，她知道了自己沒有辦法改變一些現實，但她並沒有放棄去披露現實，表達真相。

柴靜說：「好的節目、好的報導和好的媒體都應該是有耐心的，不能駭人聽聞，而是要平和地傳播社會的真相和事實。透

直白的實話永遠勝過刻意的謊言
——不刻意說謊應該成為你的風格

過新聞報導可能並沒有辦法去改變什麼，但陳述事實卻是可以做到的。事實真相本身就有一種強大的力量，她可以滲入每個人的內心之中，不斷醞釀、發酵。」

作為新聞記者，柴靜有著報導事實真相的責任；而作為一個普通人，柴靜也時刻保持著說真話、講真事的習慣。在柴靜的《看見》一書中，詳細記錄著她參與過的採訪，她用自己的眼睛、耳朵記錄著事實的真相，用一篇篇報導傳遞著事實的真相。

在每個人成長的過程中，都會接觸到社會中的世故和圓滑。我們可以懂得世故、了解圓滑，但卻不能在與人溝通的過程中用世故和圓滑來編造謊言。我們應該保有真誠之心，以誠待人，避免用謊言去欺騙和討好別人。謊話再美好也是謊話，永遠也不會變成真正的現實，再美麗的謊言也是虛假的，也會被揭穿。

一個人如果經常在與他人溝通的過程中刻意編造謊話，就會失去人們對他的信任，雖然他的話語要比實話實說的人表達得更動聽，但缺乏真誠的話語也是沒有生命力的。編造了一個謊言之後，我們還需要用另一個謊言去掩蓋這個謊言，這樣一來，我們的話語就會變成謊言與謊言的連線，讓我們的身心都陷入疲憊之中。

直白的實話可能會很傷人，但這種傷痛只會停留在表面，謊言對人造成的傷害往往會深入一個人的內心深處。當我們在不得已的情況下編造了一個謊言之後，再多的真話也無法將其掩

第三章　反暴力溝通的 6 原則

蓋，謊言只能夠被揭穿，最終對溝通雙方造成不可估量的影響。

在溝通過程中，避免使用謊言很重要，學會辨識謊言也同樣重要。很多時候，一個人的聲音、措辭等特徵都反映著他的情感和意識。所以，我們可以從心理學的角度，透過對說話者的聲音、表情、動作的辨識來判斷一個人是否正在說謊。

▎聲音特徵的辨識

大多數情況下，說謊者的語速和音調會和平時正常說話的時候存在一定的差異。具體表現為音調的忽高忽低，語速的突然加快。很多時候，在說話過程中的停頓不一致也是說謊的一種表現。

▎面部特徵的辨識

感覺聲音的節奏不好掌控，我們可以更直觀地從溝通對象的面部特徵變化來判斷其是否正在說謊。在交流過程中，如果對方始終盯著我們的臉看，或者面部始終保持著僵硬的微笑，說話過程中不停地眨眼，這些面部特徵都是這個人內心不安的表現。

▎行為舉止的辨識

說謊的人往往是不自信的，這種不自信會透過許多肢體動作表現出來。例如不斷撓頭和抓手腕，較大幅度的手部動作，或者在保持不動的時候手部出現許多細小的動作。這些都是不自信的表現，結合面部表情的變化可以對說謊者進行辨識。

辨識謊言的目的是為了不讓自己遭到欺騙，這在溝通過程中是非常重要的。正如前面提到的真誠原則一樣，不說謊話同樣是反暴力溝通的重要原則，直白的實話雖然難聽，卻是難得的「逆耳忠言」，刻意編造的謊言再優美動聽，也只是虛無縹緲的夢幻假象。

反暴力溝通，聽往往比說更重要
── 要時刻重視傾聽的力量

> **反暴力溝通箴言**
>
> 說和聽並不矛盾，也不會相互排斥，但大多數時候我們習慣將兩者分離，過分注重前者。說的時候很少去聽，這是一種錯誤的溝通方式，在溝通過程中，傾聽往往比訴說更有力量。

有人把眼睛比作心靈的窗戶，因為透過眼睛可以看到美麗的風景。把耳朵比喻成通往心靈的路，因為透過耳朵我們可以聽到萬物的聲音。耳朵對於我們來說至關重要，在生活中如此，在溝通過程中也同樣如此。

在溝通過程中，大多數人都傾向於用嘴，而很少使用自己的耳朵。他們習慣於滔滔不絕地發表言論，卻一刻也不能安靜

第三章　反暴力溝通的 6 原則

下來傾聽別人的發言。習慣於動嘴的人根本不會給別人說話的機會，他們往往是為了彰顯自己的口才，吸引別人的注意。

大多數人在溝通過程中，過於注重表達和抒發，而忽視了傾聽的作用，殊不知，傾聽才是決定溝通品質的關鍵因素。

有一個小國向另一個大國進貢了三個一模一樣的小金人，大國的皇帝十分喜歡這三個小金人，但小國的使者卻只讓皇帝選擇一個最好的。面對三個一模一樣的小金人，皇帝犯了迷糊，難道一模一樣的東西還有好壞之分嗎？

皇帝使用了各種辦法都沒能分辨出這三個小金人究竟哪一個好，正當皇帝一籌莫展的時候，一位年老的大臣自告奮勇說自己有辦法，皇帝半信半疑地讓大臣前去分辨。

小國的使者拿著三個小金人來到了大殿上，只見大臣手中拿著三根稻草。他首先將稻草插入第一個小金人的耳朵中，很快，稻草就從小金人另一邊的耳朵中出來了。大臣又將稻草插入第二個小金人的耳朵裡，很快，稻草從小金人的嘴巴中直接掉了出來。到了第三個小金人，當大臣將稻草插入其耳朵中時，稻草很快就掉入了小金人的肚子中。

大臣向皇帝拱手道：「第三個小金人是最好的。」

大臣是透過什麼方式判斷出第三個小金人最有價值呢？答案其實很簡單，因為第三個小金人懂得傾聽。在大臣看來，真正有價值的人並不一定是最能說的，而是最懂得傾聽的。那根稻草就是別人說的話，第一個小金人左耳朵聽到別人說的話，

右耳朵就冒了出去。第二個小金人在聽到了別人說的話之後，自己便滔滔不絕地說了起來。只有第三個小金人聽進去了別人說的話。

傾聽是一門藝術，也是溝通的關鍵，學習傾聽很重要，但真正能夠學會傾聽卻並不容易。傾聽並不僅僅是用耳朵去聽對方在說什麼，同時還需要全身心去感受對方在談話過程中所表達出來的一切資訊。這些資訊既包括語言資訊，同時也包括非語言資訊，比如一些表情訊息和肢體語言。

真正的傾聽不僅需要使用到耳朵和眼睛，同時還要運用大腦去進行思考，用心去感受對方傳達的資訊。只有這樣才能夠真正體會到對方的思想和情感，同時讓對方更好地進行表達。懂得傾聽往往能夠抓住常人無法抓住的要點，從而將對話引入一個新的語境意義之中。

在一檔美國的兒童訪談節目中，主持人對每個孩子進行了採訪。當他問到一個黑人小男孩的夢想是什麼的時候，小男孩回答要成為飛行員。順著小男孩的回答，主持人提出了一個問題：「如果有一天，你駕駛的飛機飛到了天上，突然油箱裡面沒有油了，同時飛機上只有一個降落傘，這時你會怎麼做？」

小男孩稍微思考了一下，隨後回答道：「我先通知飛機上的人繫好自己的安全帶，然後我自己再背上降落傘跳下去。」聽到小男孩的回答，現場的觀眾爆笑不已，大家都以為這個小男孩在開玩笑。

第三章　反暴力溝通的 6 原則

只有主持人注意到了小男孩嚴肅的神情，他繼續問道：「你為什麼要自己先跳下去啊？」小男孩急切地回答道：「因為我是飛行員，我要下去拿燃料，然後再回來救大家。」當小男孩回答完這個問題後，全場的爆笑聲戛然而止，隨後，演播廳中響起了陣陣掌聲。

很多人在講這個故事的時候，都會將重點放在小男孩的天真善良上，卻忽視了主持人在其中發揮的作用。當小男孩回答自己先跳下去之後，現場幾乎沒有人注意到小男孩的表情和神態，只有主持人在認真傾聽小男孩的回答，因為在空間上，他和小男孩正處在溝通的過程中。

主持人是一個優秀的傾聽者，他察覺到了小男孩表情中的異樣，也知道小男孩還有話沒有說完，因此他又提出了一個問題，讓小男孩說出剛剛沒有說完的話。如果主持人在聽到小男孩的第一個回答後，與現場觀眾一樣都陷入爆笑之中，就會讓小男孩成為大家誤會的對象，嚴重的話還會影響到小男孩的心理健康。

想要成為一個優秀的傾聽者，需要具備許多不同的條件，想要提高傾聽能力的，可以從以下幾個方面展開速成練習：

▍時刻觀察對方的感覺

如果具體到溝通過程中，感覺就是對方表達的言語背後的情感，一個人在表達的時候，他的思想往往是跟著感覺走的，

很多時候雖然思想或言語沒有表現出具體的內容,但感覺卻已經自然流露出來了。作為傾聽者,除了要聽對方的言語外,還要用心觀察對方的感覺,接收到對方的感覺,才能讓對方更舒適地表達下去。

抓住談話主幹,撇清枝杈

傾聽並不是要求我們什麼都聽,很少有人能夠將自己的語言精簡到一句廢話也沒有,大多數時候,溝通過程中會出現很多沒有用的廢話,主要是指與溝通主題無關的內容。這往往是由於說話者自身的邏輯出錯所導致的,對於傾聽者來說,過濾掉這些沒有用的資訊是認真傾聽的一個關鍵環節。只有過濾掉廢話,始終抓著對方表達的主題,才能夠更好地弄清楚對方想要表達的意思。

傾聽過程中要及時回饋

傾聽並不僅僅是一味地聽,更重要的是根據聽到的訊息及時進行回饋。正如前面提到的,表達者在表達時很少能完完全全將每句話都表達清楚,對於傾聽者來說,如果前面的內容還存在疑問,再繼續傾聽後面的內容,就會影響到整體資訊的接收,所以及時回饋自己接收到的資訊是十分重要的。

及時回饋又可以分為兩個相反的部分,一是「我懂了」,二是「我不懂」。「我不懂」的意思很好理解,就是當我們對對方的表述存在不解時,用「我不懂」的方式來進行提問,及時解

決問題，有利於繼續接收後面的資訊。那「我懂了」又是什麼意思呢？

與「我不懂」相對應，「我懂了」也可以從字面角度去理解，主要是表達自己已經了解了對方在前面所提到的資訊。為什麼自己懂了還要特意跟對方說一下呢？讓對方繼續說下去不好嗎？這種「我懂了」的回饋正是讓對方繼續說下去的一個保證。

試想一下，如果我們在講臺上表達自己的觀點，已經說了半個小時，也沒有人應和一句，是否會產生這樣的尷尬：這些觀點自己已經和臺下的人講了不下10遍了，他們應該懂了吧？

再能言善辯的人也害怕冷場，即使是在講述最簡單的知識，表達者也希望能夠得到傾聽者的應和。所以「我懂了」是讓溝通順利繼續下去的一個重要紐帶。

如果想要成為溝通達人，實現反暴力溝通，學會傾聽是個關鍵技能，在傾聽過程中，及時進行回饋能夠讓溝通進行得更加流暢，從而給談話雙方更加舒適的溝通體驗。

關於傾聽過程中的回饋，我們會在後面的章節繼續展開介紹。我們要清楚在反暴力溝通過程中，傾聽往往要比訴說更加重要，學會傾聽也是反暴力溝通的一個重要原則。善於傾聽的人會發現傾聽能夠為自己的溝通提供一種無形的力量，這種力量能讓我們的語言更好地深入別人的心中。

反暴力溝通，要用好你的眼睛
—— 開啟心靈的窗戶去溝通

> **反暴力溝通箴言**
>
> 眼睛是心靈的窗戶，我們不僅能夠用眼睛看到外界的事物，同時還可以獲得許多未知的資訊。在溝通過程中，眼睛甚至要比嘴巴的作用大，所以用眼睛去溝通，往往會取得更好的效果。

眼睛是心靈的窗戶，能夠幫助我們傳遞很多資訊。我們可以透過一個人在說話過程中的眼神變化來判斷這個人想要表達的真實態度。同時也可以透過觀察他們的眼語去判斷這個人的性格特徵。

在溝通過程中，眼睛的作用主要展現在兩個方面，我們可以將其簡單理解為傳遞資訊和獲取資訊。下面關於這兩方面的內容，我們需要分開來進行介紹。

首先來說傳遞資訊。在溝通過程中，除了語言資訊外還存在著一些非語言資訊，眼神的變化就是一種非語言資訊的表達。用眼神傳遞資訊，和別人進行溝通，並不是一件容易的事情。

用眼神和對方溝通不僅要眼神注視對方，同時還要把自己的全部注意力放在對方身上。這一點往往是最困難的，如果注

第三章 反暴力溝通的 6 原則

意力不集中,或是自己缺乏信心,就很難注意到。那麼,如何透過眼神掌握溝通的主動權呢?

一次,小 M 背了一大堆東西,還拿了一個拉桿箱去搭捷運。

到了一個可轉乘的大站,下車的人不少,小 M 看見自己面前的那位乘客已經準備下車了,於是心裡很高興,就側身讓對方離開,準備坐到那個位置,鬆緩一下自己的手和肩膀。不料,離她很遠的一位年輕男士,搶先一步把這個座位坐了。

想到自己又要繼續站著,小 M 十分氣憤。對方一個大男人,卻如此不懂規矩,這讓小 M 很不甘心。於是,她就用眼睛死死地盯著那個傢伙。

也許是小 M 的眼神太過厲害,加上那個傢伙自己也知道理虧,一直不敢抬頭,而是裝模作樣地掏出手機假裝沒有注意。

過了幾分鐘,他以為小 M 已經放棄,把目光移開了,於是又抬頭看了一眼小 M。卻不料,自己還在小 M 的視線範圍內。而且,他和小 M 咄咄逼人的目光相遇,一下子顯得十分慌亂,連發送語言都有些吞吞吐吐了。

不到兩分鐘,男士放棄了座位,站起身擠向了車廂的另一頭。

男士為什麼會放棄座位?就是因為他的心理受到了小 M 眼神的嚴重干擾,讓他在與人溝通的時候有了障礙。

反暴力溝通，要用好你的眼睛
——開啟心靈的窗戶去溝通

這說明眼神的力量不可小覷。眼神不僅富有含義，而且可以傳情達意。眼神能表明一個人的心理狀態，也能干擾他人，甚至完全左右對方。雖然小 M 用眼神擊退對方是個特例，但我們不能否認，生活中我們的確會受到別人視線的影響。

用眼睛和別人溝通，說起來容易，但做起來難。

從表面來看，我們在與別人溝通時，眼睛一定要注視對方。其實，更重要的是要把注意力全部集中在對方身上。當然，難點就在於注意力要一直集中，如果注意力不集中，就不能讓對方知道你在注視他。

還有就是要自信，如果在與人溝通時沒有自信，那你的眼睛是不可能做到注視對方的，眼神會暴露你在溝通時的內心世界。

當然，眼神溝通也是不容易做到的，那我們為什麼還要這樣做呢？

首先是禮儀問題。這是溝通的一項基本要求，和別人交流時，如果你的眼睛一直亂轉，會讓人感覺你不尊重對方。而作為一個懂得禮儀的人，即便你對對方的話題不感興趣，但你也要透過眼神尊重對方，讓對方感覺到你對他的重視。

眼神的溝通，其實比語言的溝通更加有效。因為眼神會讓人感覺到真誠。人們常說，眼睛是心靈的窗戶。一個人可以在語言上有所修飾，但是難以在眼神上有所修飾。因此，用眼睛

第三章　反暴力溝通的 6 原則

溝通，才更能讓人感覺到真誠。

小 H 上國中的時候，暑假裡待在家裡正悶得發慌。他母親突然進來，說幫他找了位補習班老師，專門輔導數學。

當天下午，他的母親就帶著他去見了數學老師，見面一番寒暄後，數學老師自然而然地問起了小 H 期末考試數學考了多少分。

小 H 聽聞頓時窘了，因為他在考前並沒有複習，而且惦記著放假，導致數學考得特別不理想。

小 H 尷尬得面紅耳赤，然後下意識地抬頭看了眼他的母親，恰好母親也朝他看去。就在雙方眼神交會的那一瞬間，他的母親明白了小 H 的心思。然後，母親向小 H 投去一個鼓勵的目光，幫他圓了場。

多年之後，小 H 已經成為全國都小有名氣的學者，而那個眼神他依然記得。所以，小 H 到現在都一直努力地想成為人上人。他說不為別的，就為了給自己爭一口氣，讓父母在別人面前可以揚眉吐氣。

就像例子中說的，使用眼神溝通，首先對獲取資訊方面大有助益。我們可以透過眼睛，看到對方的表情、神色和動作，同時還能根據對方的眼部動作，判斷出對方的想法甚至是性格。

那麼，在進行溝通之前為什麼要判斷對方的性格呢？

試想，若一個人在與人溝通的過程中，眼睛不停地上下翻

反暴力溝通，要用好你的眼睛
——開啟心靈的窗戶去溝通

滾，而且不敢正視對方的眼睛，那只能說明這個人在撒謊，他們不敢跟對方進行視線的溝通，怕別人看出自己心虛。此外，如果一個人在受委屈，或覺得自己很無助的時候，他們的眼睛也會往上翻。

人們經常說：聽別人講話，或對別人講話，要注視著對方的眼睛。

有的人在溝通的時候不看對方的眼睛，部分情況是因為膽怯、信心不足、難為情或撒謊。此外，情侶在第一次見面的時候也會這樣，原因則是心動。

一些大人物在講話或與人溝通時，常常能大大方方地直接看著對方的臉，因為他們的見識和心理狀態讓他們在溝通的時候遊刃有餘，不存在前面幾種情況。

另外，我們還能從對方的眼睛中獲得很多資訊：

溝通時眼睛亂轉

在溝通時，如果對方的眼睛能毫不躲閃，大大方方地直視你的眼睛，就表示他心中坦蕩，並且十分信賴你，渴望和你有進一步的溝通，同時希望你能同樣寄予信賴。

反之，如果對方在溝通中，眼睛骨碌碌地亂轉，就表示他心裡有自己的小算盤，可能是在想辦法如何利用你，來獲得對他自身有利的好處。眼睛亂轉就是典型的心懷鬼胎。

第三章　反暴力溝通的 6 原則

▌溝通時眼睛向下看

如果對方在溝通時,眼睛一直向下看,或者盯著地面,或者一直停留在某個事物上,這就表明對方相當缺乏自信,並且有自卑感。

視線向下,說明他有潛意識逃避責任的問題,也暗示他不能擔當此重任。同時,這也意味著他並沒有把你的話放在心上,一定會試圖找些理由逃避。因此,在溝通的時候,不要把重任放在這類人身上,他們很難把事情做好。

▌溝通時臉微微上揚

視線看向上方。這類人或者脖子放鬆,或者凝視一個虛無的點而發呆,或者是盯著空氣中的一粒小灰塵發呆,就表示對方對你們之間的溝通內容根本不感興趣。他繼續聽下去沒有打斷你,只是敷衍了事,可能是有求於你,也可能是出於禮貌。在這種情況下,你們之間的溝通是無效的。

▌溝通時臉稍向下

在你說到某一點時,如果他抬起頭來注視你,就說明你說的話對他來說有吸引力,讓他有些心動。如果他在抬眼之後,能一直保持這個姿勢,並且微微低著頭抬眼看你,就說明他在溝通過程中發現了你的問題,找到了反駁你的機會,並且很有自信。此時,你不妨讓他把自己的觀點說出來。

反暴力溝通，要用好你的眼睛
——開啟心靈的窗戶去溝通

如果他在抬頭後，立刻換了一種精神的坐姿與神色，用正常的面對面的姿態聽你說話，就表示你們的溝通是有效果的，表示他開始注意到了你的話，也說明你的溝通內容受到了對方的重視，甚至對方很願意採納你的建議。

眼神出現變化的時候

如果對方在聽你說話的時候，眼珠忽然往上轉動看你，或者突然用尖銳的眼神盯著你時，就表示他對你的溝通內容產生了懷疑。

他之所以盯著你看，一方面是想從你的神色上找出漏洞，印證自己的想法；另一方面也是因為他還在思考你話裡的可信程度。因此，你需要增加自身語言的表達能力，以表示你的溝通內容是沒有漏洞的。

在日常生活中，我們在與人溝通時一定要認真仔細觀察生活、觀察人，要善於用自己的眼睛觀察對方的神色，要在生活中做個「有心人」。在溝通時，我們要把生活中各式各樣的題材都存在頭腦裡，不要忽略這些有價值的細節。

第三章　反暴力溝通的 6 原則

你的善意,應該用身體表達出來
—— 肢體語言,化解語言暴力的得力助手

> **反暴力溝通箴言**
>
> 　　語言的魅力是豐富的,但我們卻並不能完全依靠語言來表達內心的感受。在語言不可及的範圍內,肢體動作成了語言的有力幫手。很多時候,肢體語言是化解語言暴力的重要手段。

　　美國的一項研究顯示,在人類溝通活動中,超過 90% 的溝通是透過非語言方式來完成的,這些非語言溝通方式主要包括面部表情和形體姿態。人的姿態動作、面部表情經過不同的方式組合,可以表達出近 70 萬種不同的訊息,可以說其比任何一種語言能夠表達的意義都要豐富。

　　所謂非語言溝通是相對於語言溝通而言的,非語言資訊主要是透過身體動作、面部表情和語音語調的變化、配合而產生並傳遞下去的。很多時候,語言資訊在溝通中更傾向於產生確定方向的作用,而非語言資訊才是真正表達思想和傳遞情感的關鍵。

　　一般來說,非語言溝通按照不同的方式可以分為不同的類型,簡單來說,主要可以分為標記語言、動作語言和物體語言三種。

你的善意，應該用身體表達出來
——肢體語言，化解語言暴力的得力助手

標記語言主要是指聾啞人的手語、交警的指揮手勢或者是其他表示特定意義的手勢。動作語言則是指人的肢體動作表達出來的意思。例如：當一個人在排隊準備購買麵包的時候，他將口袋中的硬幣翻弄得叮噹亂響，這就說明他的內心非常著急。物體語言一般表現的是人對於物的態度，從而反映出人的一些特徵。例如：如果一個人衣著打扮追求質地，不趕流行，那麼這樣的人一定很有品味。

非語言溝通能夠更好地幫助人們進行溝通，一般來說，非語言溝通主要有以下幾個作用：

輔助語言表達

很多時候，人們單純透過語言資訊並不能達到完全表達自身感情和思想的目的，這時候就需要選擇一定的非語言資訊來進行輔助，彌補語言資訊存在的局限，同時也能夠加強自身的表達效果，從而更好地表達自己的思想和內心情感。

舉個例子，如果一個遊客在大街上向我們問路，作為本地人的我們自然能幫到他們。但如果我們只是使用語言去描述他們應該往哪走，應該在哪個地方轉彎，這種方式能夠發揮作用，但在效果上可能並不會太好。這時，我們如果同時使用肢體語言為他們指路，這樣對方就會得到更加明確的道路資訊，從而更好地找到正確的道路。

第三章　反暴力溝通的 6 原則

▋表達真實情感

非語言行為的主要作用是表達情感，這一點很容易理解。比如：當我們相互握手的時候是為了表達友好，擁抱是表示相互間的親密，拍肩膀是表示加油和鼓勵。這樣的肢體語言還有很多，相比於語言行為，非語言行為在表達感情時會更加直接、更容易讓人理解。

▋進行溝通互動

在溝通過程中，語言行為可以透過語氣變化來進行溝通互動，但這在具體的操作上卻並不如非語言行為好操作。比如：當我們想要表達疑問的時候，可以直接說出表達疑問的語言，當然也可以用皺眉來表示自己的不理解。如果想要表達肯定的意義時，可以直接說出肯定的話語，當然也可以用點頭來表示。

▋化解語言暴力

中文博大精深，很多時候同一句話可能表達出多種不同的意思。在進行溝通時，我們可以根據語氣、語調來辨別對方表達的意思，但並不是所有存在分歧的話語都能夠透過語調來辨別出意義，所以單純依靠語言資訊來辨別話語的含義很容易引發語言暴力。

這時候，以肢體語言為代表的非語言行為就可以防止因話語分歧而導致語言暴力行為的出現。在前面的部分我們已經說過，肢體語言可以作為語言行為的一種輔助表達方式，在表達

你的善意，應該用身體表達出來
——肢體語言，化解語言暴力的得力助手

感情方面，肢體語言要遠勝於語言行為，因此使用肢體語言對容易出現分歧的語言進行表達就會更好地讓對方理解說話者真正想要表達的意義。

例如：當我們在與別人進行溝通時，對方提出了一個有些愚蠢的問題，作為好朋友我們想要「諷刺」他一下，便對朋友說：「你真是個傻瓜。」我們剛說出這句話，對方的臉色就改變了，很顯然他生氣了，他把我們的玩笑話當成真的是在諷刺他。

現在我們用肢體語言去表達這句話，當對方提出了一個有些愚蠢的問題時，作為好朋友，大笑著說「你這個傻子」，同時用手去撫摸他的頭髮，把他的頭髮弄得一團糟之後，他也跟著我們一起大笑起來。這就是一個肢體語言化解語言暴力的例子。事實上，我們在生活中的很多時候都不知不覺用到了這種方法。

肢體語言所表達的意義是豐富多彩的，我們既可以透過觀察他人的肢體語言來揣摩其內心的想法，同時也可以充分利用肢體語言表達自己的善意。單純依靠語言資訊並不足以表達出我們內心的真實感情，多使用肢體語言進行輔助才能夠達到更好的表達效果。

許多中國人都在相聲演員郭德綱的表演中領略到了他的幽默和魅力，其實郭德綱不耍嘴皮子的時候也能將幽默展露無遺。在一次參加《今夜有戲》節目時，一位美女嘉賓向大家傳授自拍美照的經驗。

第三章　反暴力溝通的 6 原則

　　她說道：「拍照的最佳角度是 45 度，然後相機上揚，這樣會顯得臉比較尖，眼睛也比較大。」聽完女嘉賓的話，郭德綱主動配合嘉賓擺出了各種姿勢，郭德綱的「完美姿勢」不僅讓現場觀眾更好理解了女嘉賓的自拍技巧，同時還為現場帶來了陣陣歡笑。

　　很多時候，肢體語言在特定的場合能夠比口頭語言更好地達成表達效果。合理運用肢體語言去進行輔助表達是反暴力溝通中的重要方法。

　　肢體語言作為一種非語言溝通方式，其與語言溝通方式一樣都存在著一定的禁忌，在反暴力溝通過程中，合理使用肢體語言是溝通順利進行的關鍵。每個人因為行為習慣的不同，在肢體語言表達方面也會有所不同。有的人喜歡用握手表示友好，有的人喜歡用擁抱表示友好，所以在表達善意方面，並沒有明確哪種肢體語言要特定表達哪種意義。

　　雖然沒有規定哪種肢體語言可以表達特定的哪種意義，但正如前面所說，肢體語言在使用的時候也存在著一些禁忌，這些禁忌是使用肢體語言時必須要注意的問題。

- 第一種肢體語言是交叉雙臂或雙腿。使用這種肢體語言暗示著我們對談話沒有持有一種開放的態度。即使雙方在語言表達上顯得很愉快，但對方依然會有被排斥的感覺。當我們想要表達自己對談話很感興趣的時候，一定要控制住自己的雙臂，表達出一種開放的態度來。

- 第二種肢體語言是誇張的手勢和誇張的點頭。使用這種肢體語言很可能是因為我們正在誇大事實，對方可以在這種肢體語言中看出我們的焦慮。過於頻繁的點頭和手勢表現往往會被認為是在掩蓋自己的真實想法。
- 第三種肢體語言是拒絕目光接觸。使用這種肢體語言會讓人產生懷疑，認為我們在談話中隱藏了一些事情。同時避免與溝通者眼神接觸也表示我們缺乏自信，同時也可能是因為我們對溝通缺少興趣。這種肢體語言會大大減弱語言的影響力，削弱溝通的效果。
- 第四種肢體語言是長時間直視對方。使用這種肢體語言會顯得很強勢，容易讓對方產生牴觸心理，影響溝通的效果。
- 第五種肢體語言是與對方靠得太近。在溝通過程中，如果我們與對方的距離在半公尺之內，甚至是更近，會顯得不夠莊重，會縮小雙方在溝通過程中的個人空間，讓別人感覺不舒服。

肢體語言作為一種重要的非語言溝通方式，在反暴力溝通中具有重要的作用。很多時候，一個細小的舉動就會將溝通引到新的方向，正確的肢體語言將會讓雙方的溝通變得更加和諧，錯誤的肢體語言將會讓溝通進入歧途，甚至會引發溝通中的語言暴力。

每個人都在不知不覺中使用著肢體語言，但很少有人會去研

究肢體語言的使用技巧。對於不擅長表達的人來說，肢體語言在相當程度上可以彌補語言表達的缺失，是一種十分重要的溝通技巧。因此，學習並掌握一定的肢體語言表達技巧，形成自己的肢體語言表達風格，對於我們與他人進行有效溝通是十分必要的。

把你的情感在臉上「寫」出來
—— 用面部表情表達你的情感

> **反暴力溝通箴言**
>
> 「話語不夠，表情來湊」，在很多情境中，用面部表情表達情感要比用語言表達效果好得多。適時在對話中加入面部表情的表達，可以讓溝通更加愉快，也能夠讓對方更好地了解我們在溝通時的感受。

在非語言溝通中，面部表情和肢體語言同樣重要。在前面的章節之中，我們介紹過了肢體語言在反暴力溝通中的重要作用，在這一小節中，我們主要介紹面部表情在反暴力溝通中的重要表現。

喜、怒、哀、樂、怨，這些情緒都會透過我們的面部表情表達出來，究竟人的面部能夠表現出來多少種表情呢？根據美國俄亥俄州立大學的一項研究顯示，人類的面部至少能夠表現

把你的情感在臉上「寫」出來
——用面部表情表達你的情感

出 21 種表情來。

研究者使用分析軟體分析了 230 人的 5,000 張面部表情照片,主要用於辨識人類表達情感的面部肌肉。最終研究人員發現,除了高興、吃驚、悲傷、憤怒、厭惡和恐懼這六種基本的表情之外,人們還能夠將這些基本的表情結合起來,從而創造出其他 15 種複合表情。

我們知道一個人吃驚的時候眼睛和嘴巴會放大,高興的時候嘴角會微微上翹,臉頰也會向上舒展。那麼驚喜呢？當人們驚喜的時候會呈現什麼樣的面部特徵呢？人們會將高興和吃驚的面部特徵結合在一起,從而表現出一種眼睛睜大、嘴角上翹、面頰上抬的特徵。

從這一研究中我們可以發現,人類想要用面部表情來全面展現自身的情感是十分可行的。

面部表情主要是指透過眼部肌肉和口部肌肉的變化來表現各種情緒狀態。一般來說,人的眼睛是最能夠表達感情的部位,透過不同的眼神,人們可以表達出不同的情感。眼神不僅能夠傳遞感情,很多時候還可以用來表達思想。在面對一些複雜的事情或不方便使用語言進行表達說明時,我們可以透過觀察對方的眼神來判斷他的情感和思想。

事實上,正如前面的研究一樣,人臉上的不同部位具有表達不同表情的作用。一般來說,口部變化可以用來表示快樂或者厭惡,眼部變化可以用來表示高興或者憂傷。這一點從中國

第三章　反暴力溝通的 6 原則

古代的成語中就可以展現，例如：咬牙切齒是在表達憎恨之情，張口結舌是表示害怕的意思，這些都可以透過口部的變化表現出來。

雖然面部表情能夠達到表達感情的作用，但在大多數時候，人們都會選擇控制自己的表情，同時也隱藏了自己的情感。一些人會喜怒不形於色，一些人會笑著流眼淚，他們選擇用面部表情來隱藏自己的情感。

人的大腦分為左右腦，人的臉也分為左右臉，這兩者不僅在外在呈現出對稱性，在內在也存在著很明顯的關聯性。根據心理學研究顯示，當一個人情緒激動的時候，其面部會出現一定的不對稱現象。這種不對稱主要指人的左臉和右臉的肌肉變化，實質上這是人的大腦在發揮作用。

大腦可以控制人體的面部表情，事實上，70% 的大腦神經元都具有抑制的功能，它們會讓肌肉不產生動作，這也就是說人的面部動作很可能會被大腦所抑制，從而隱藏一些情感。這也就是人類並不能完全呈現自己情感的原因所在。

實際上，人的左右腦和左右臉之間的連繫是相互交叉的，也就是說，人類左腦的情感會在人的右臉上反映出來，而人類右腦的情感會在人的左臉上表現出來。一般來說，人類的左臉相較於右臉更能夠表現出情感，同時大多數人也更加傾向於用自己的左邊身體去表達情感，因此在大多數情況下，我們可以透過觀察對方面部左側的變化來了解其當時內心的情感變化。

把你的情感在臉上「寫」出來
——用面部表情表達你的情感

很多時候，這種依靠面部表情來隱藏情感的方式在特殊情境之中能夠產生意想不到的效果。

在《三國演義》之中，赤壁大戰前夕，東吳的闞澤代表黃蓋前往曹操的軍營中求降，曹操懷疑黃蓋是在使用苦肉計，便命令手下士兵拉著闞澤出去斬首。眼看自己腦袋就要落地了，闞澤靈機一動哈哈大笑起來。

腦袋都快落地了還能笑得出來？曹操感到莫名其妙，便命令手下放開闞澤，同時詢問闞澤為什麼會發笑。這時闞澤的表情恢復了平靜，對著曹操數落起來，說什麼曹操疑心太重，不懂得珍惜人才等等。聽到這裡，再看看闞澤因激動而發紅的臉頰，曹操便放棄了斬殺闞澤的念頭，同時也同意了黃蓋的投降，當然曹操最終陷入了黃蓋的苦肉計之中。

可以看到闞澤正是透過面部表情來隱藏自己的真實情感，從而說服了曹操，完成了自己的任務。由此可見，面部表情對於表情達意具有多麼重要的作用，在生死關頭還能夠發揮出巨大的作用。

上面的故事發生在具體的情境之中，是因為闞澤要欺騙曹操，取得曹操的信任。在正常的溝通過程中，我們應該更多地使用面部表情將情感表現在臉上，更多地用面部表情去表達自己的思想，而不是選擇用面部表情去隱藏我們的情感和思想，因為在正常的溝通過程中不應該存在欺騙。

在日本，航空公司的空中小姐需要用半年多的時間訓練一

第三章　反暴力溝通的 6 原則

項技能，這項技能就是「微笑」，為什麼說微笑是一項技能呢？為什麼一個微笑還需要訓練半年之久呢？一般來說，我們理解的微笑只是嘴角上翹，這種方式確實能夠表達出我們高興的情感，但在具體效果上，不同的微笑卻是不同的。

這也就是專門訓練微笑的原因，燦爛的微笑會讓人感覺如沐春風，尷尬的微笑則會讓溝通瞬間降入冰點。真正的微笑是發自內心的微笑，我們可以從中看到一個人內心的真正情感。在溝通過程中，用微笑表達自己的情感是一種最為明顯也最能夠讓人接受的方式。

在反暴力溝通中，用面部表情來展示自己的內心情感和思想是一種重要的溝通技巧，與肢體語言一樣，它們都可以產生輔助語言表達的作用，在很多時候，甚至還能夠產生超越語言表達的作用。很多語言表達所不能取得的效果都可以透過這種非語言溝通方式來達到，關於非語言溝通方式的內容，我們還將在後續的章節中有所提及，可以結合這一章節的內容共同理解和運用。

第四章
如何控制溝通中的暴力事件

第四章　如何控制溝通中的暴力事件

你的拒絕，必須帶點「同意」
—— 暴力的拒絕是傷人的利器

> **反暴力溝通箴言**
>
> 　　拒絕別人是件傷感情的事，暴力的拒絕別人會讓對方受到更大的傷害，如果拒絕的方式「過於暴力」，還有可能會引起他人的反感而使自己受到真實的傷害。所以說，拒絕別人是件難事，但再難的事也有解決的辦法。

　　拒絕別人是件難事，也是一件傷感情的事。如何能夠在拒絕別人的同時，又不傷及雙方的感情，是每一個人都必須學會的技巧。拒絕別人是每個人都會經歷的事情，但在處理上，每個人的做法都各不相同。

　　在面對對方的請求時，有些人會尋找一個合適的理由予以拒絕，有些人則會直截了當地加以拒絕，有的人則並不拒絕也不答應，想要採用拖延的方法讓對方自己放棄請求。拒絕的方法多種多樣，產生的效果也各不相同。

　　大多數人認為拒絕別人是件困難的事，那是因為我們在選擇拒絕的同時，內心會產生一種內疚的心理，如果這種內疚心理過於強烈，那我們便不會做出實質性的拒絕舉措。這時，我們更多會選擇讓自己吃虧，答應對方的請求，從而緩解心中的

你的拒絕，必須帶點「同意」
——暴力的拒絕是傷人的利器

內疚感覺。

當這種內疚的感覺並不強烈的時候，我們便不會委屈自己答應對方的請求，而會選擇拒絕對方的請求。當然，為了緩解心中的內疚，我們會尋找一些看上去合適的理由來輔助自己完成拒絕行動。

拒絕別人之所以會讓我們產生內疚的感覺，那是因為拒絕往往伴隨著一種傷害，拒絕別人也是一種傷害別人的舉措。雖然我們拒絕的只是對方的一個請求，但從實質上來看，拒絕別人的請求更像是用手將別人推開一樣。

拒絕別人需要講求一定的方法，完美拒絕不僅不會傷害雙方的感情，同時還能夠有利於雙方互相理解。但不那麼完美的拒絕，或是暴力的拒絕則不僅會傷害雙方的感情，同時還可能會對雙方造成其他方面更加嚴重的傷害。

拒絕別人的方法因人而異，只要不採用直截了當的「暴力」方式就基本上都能達到拒絕的目的。當然，如果想要追求更加完美的拒絕效果，那還需要掌握下面這些具體的方法，根據不同的情境去綜合運用才行。

想要拒絕，先要「同意」

這裡的「同意」並不能完全看作拒絕的反義詞，也就是說這裡的「同意」並不是 100% 的同意，而是 10% 甚至更少程度的同意。當對方向我們提出請求時，從我們的個人實際出發去考

慮，對方的請求我們沒有辦法完全實現，但也並不是說一點忙也幫不上。這時我們便可以在拒絕之前，先同意自己能夠幫得上忙的方面。

例如：一個朋友向我借 5,000 元，但此時我的手裡面只有 2,500 元現金，雖然銀行有存款，但是我卻並不想提前支取出來，而這 2,500 元我還需要繳納電費和水費。顯然，5,000 元我是借不了的，2,500 元也不可能，那我可以對朋友如實說明情況之後，主動提出借給他 500 元。這樣我實際上就拒絕了朋友提出的請求，而在拒絕之外，我還對朋友提供了自己的幫助，也就是同意了一定程度的對方的請求。

想要拒絕，就別解釋

拒絕別人如果說得嚴重一些，就好像是給了對方一刀，畢竟對方是抱著能夠獲得幫助的心提出請求的。而在拒絕之後的過多解釋，就好像又用刀在對方的傷口上來回摩擦了幾下，不僅不能起到「止疼」的作用，反而會讓對方感到更加難受。解釋往往會讓對方產生過多的聯想，過多的解釋則更像是在掩飾。

例如：同樣是借錢問題，按照上面的例子，我們只要表達出「自己手中只有 2,500 元錢，而且這些錢還需要繳納水費和電費」就夠了，不用詳細去解釋我們在銀行中有存款，但是不方便取出來，因為還要留著結婚買房……解釋得越多，事情就越說不清楚。

你的拒絕，必須帶點「同意」
——暴力的拒絕是傷人的利器

▍想要拒絕，給出建議

拒絕別人只是表達出自己沒有幫助對方的能力，但並不是說拒絕之後我們就沒有什麼可做的了。在拒絕別人的同時給出一定的合理化建議，能夠減輕拒絕別人產生的不良影響。在這裡，我們要表達出「我沒有能力達成你的請求，但我會幫你一起想辦法」的意思。

例如：朋友的孩子想要進入我工作的學校就讀，他便找到了身為老師的我，但我個人的權力有限，根本沒有辦法幫到他。作為多年的朋友，又不好意思直接拒絕，仔細想來，現任校長的兒子也是我們的同學，於是我就建議這位朋友去找這位同學幫忙看是否有名額，這也算是自己幫上一點忙了。

▍想要拒絕，別找理由

拒絕別人如果沒有一定的理由就會顯得不那麼有底氣，但很多情況下就是沒有特定的理由。不想借給別人錢就是不想借，如果非要硬找理由，反而容易讓對方產生誤會。每個人都有自己的原則，違反自己原則的事情，即使是最好朋友的請求也不能答應。

完全不找理由的拒絕別人確實太過生硬，容易傷害對方的感情，所以這種直接拒絕對方的方式最好少用。適當以一個理由拒絕對方，既能夠表明自己的立場，也能夠讓對方更容易接受。

在拒絕別人的時候，不同的人應該採用不同的方法，不同

的事件和情境也需要不同的方法加以應對。在拒絕別人時，還有一個重要的方法在前面沒有介紹，因為這種方法適用於任何人，也適用於各種事件和情境。所以，我們將它放在最後，這種方法就是「真誠以待」。

在面對對方的請求時，自己沒有辦法完成，就要真誠地拒絕，不要編造不存在的理由，也不要強行答應自己無法完成的請求。

有分歧，也不一定要硬碰硬
—— 求同存異是防止暴力溝通的好方法

> **反暴力溝通箴言**
>
> 即使是完美的天生一對，也會出現吵架的情況。在溝通中，分歧是十分常見的，面對分歧，有的人選擇硬碰硬，有的人選擇果斷放棄。果斷放棄會讓溝通戛然而止，硬碰硬則會讓溝通走向暴力的深淵。面對分歧，求同存異是最好的溝通方法。

溝通不是辯論，並不會在一開始就出現強烈的意見對立。在辯論之中，正反雙方持有截然相反的觀點，可以說，他們的分歧是從一開始就產生的。而溝通則不同，溝通過程中的分歧並

有分歧，也不一定要硬碰硬
——求同存異是防止暴力溝通的好方法

不一定在最開始產生，分歧往往伴隨著雙方對於同一話題的討論而出現，並逐漸擴散開來。

溝通中的分歧是十分常見的，因為分歧處理不當導致的矛盾和衝突更是數不勝數。分歧可以說是導致暴力溝通的一個重要原因，一個小小的火星往往能夠引燃整片草原。在面對分歧的時候，如果處理不當，分歧就可能會轉化成為爭吵或衝突，從而將溝通導向一個無法挽回的境地。

L小姐與男朋友已經相戀六年，此前兩人的感情一直很穩定，但自去年訂婚之後，兩個人吵架的頻率明顯多了起來。直到這時，L小姐才發現自己與男友之間存在著如此多的不同和分歧。

在房屋裝修上，L小姐打算在家具市場直接購買現成的家具，認為手工打造的家具通常都比較粗糙，而且樣式也並不精美。但L小姐的男朋友則認為手工打造的家具不僅結實耐用，還能夠根據房屋的布局來量身定做，在價格上也會更為便宜。

圍繞著這個問題，L小姐和男朋友討論了很多次，以至於都快到婚期了，還沒有將房屋的裝修方案定下來。為了家具的問題，L小姐不知道和男朋友吵了多少次，她已經漸漸失去了原有的耐心，不僅是對房屋裝修，同時也對自己的男朋友。

情侶之間在溝通過程中，因為意見不同產生分歧而導致感情出現問題的情況並不鮮見。意見分歧並不可怕，可怕的是這種意見分歧得不到有效控制最後演化為更為嚴重的問題，這種問題不僅會導致溝通的中斷，同時還可能會給雙方帶來無可挽

第四章　如何控制溝通中的暴力事件

回的傷害。

在上面的事例之中，L小姐和男朋友原本已經要走入婚姻的殿堂了，但因為在房屋裝修上出現的分歧，雙方的感情也隨之出現了一定的問題。如果按照上面的故事發展，L小姐和男朋友繼續在打造家具這個問題上相互對抗、硬碰硬，那兩個人的婚姻可能也會出現變故，最後的結果是無法想像的。

其實在人與人之間，出現意見分歧十分常見，在大多數情況下意見分歧並不是不可調和的。很多時候，只是意見分歧的雙方都不肯退讓半步，都想要實現自己的訴求而已。

在上面的故事中，L小姐的核心訴求是家具精美，而其男朋友的核心訴求則是結實耐用、價格實惠。找到了兩個人的核心訴求，就很容易化解溝通雙方的分歧了。

在反暴力溝通中，遇到分歧的時候，一定不能採用硬碰硬的方法，而應該堅持求同存異的原則。求同存異正如其字面意義一樣，我們在面對分歧的時候，應該從中選擇相同的觀點，對於那些與我們自身意見不一致的方面，不要一味否決，而應該採取相容并包的策略。

遇到分歧的時候，不要在第一時間否決對方的觀點，而是應該首先採取適當的方法講明自己的觀點，如果對方無法接受自己的觀點，而自己也沒有辦法接受對方的觀點，那就暫時將這一分歧擱置。我們並不需要絞盡腦汁去證明對方觀點的對

有分歧，也不一定要硬碰硬
—— 求同存異是防止暴力溝通的好方法

錯，可以接受的就接受，沒辦法接受的就不去管它，這樣才能夠讓分歧不再繼續發展，從而不至於演變成為難以緩和的衝突。

貞觀年間，皇甫德參上書唐太宗，他認為修宮室勞民傷財，收地租則是在斂收財富。唐太宗看到這封上疏之後十分生氣，認為皇甫德參是在誹謗朝廷，想要懲治皇甫德參。魏徵聽聞這件事之後，便上書唐太宗，他認為在很久以前，賈誼上書漢文帝的時候，說到有些事情可以讓人痛哭，有些事情則會讓人長嘆。從古至今，臣子的上書都是十分激進的，如果不這樣做就很難打動主子。如果說上書激烈就是誹謗，那就有些嚴重了，只希望陛下考察他所說的內容是否正確就好了。

看到了魏徵上書的內容，唐太宗恍然大悟，在仔細思考之後，不但沒有懲罰皇甫德參，反而還賞賜了他。

魏徵作為皇甫德參和唐太宗之外的第三人，從客觀的角度化解了二人之間的分歧，他所採用的方法正是求同而存異。在皇甫德參看來，唐太宗修造宮殿、徵收地租的行為都是勞民傷財的，所以自己必須上書指出這種錯誤。但在唐太宗看來，皇甫德參公然上書指責自己，就是無視自己的權威，公然誹謗自己。

正是這樣，皇甫德參和唐太宗之間便出現了分歧。在魏徵看來，作為一名正直的臣子，當皇帝的一些舉措確實出現問題時，言辭激烈的上書也是合乎情理的，畢竟他自己就是這種風格的人。而從皇帝的角度來看，雖然臣子言辭激烈，但皇帝應該關注的是上書的內容，而不應該拘泥在形式上。

第四章　如何控制溝通中的暴力事件

這樣就可以發現，皇甫德參和唐太宗的分歧存在著相同的共識，那就是皇甫德參上書的內容。上書的內容應該是雙方關注的焦點，上書的形式則不應該去計較。這樣在「求同」的原則下，兩個人便應該主要關注上書的內容。至於形式上，皇甫德參認為自己沒錯，唐太宗認為皇甫德參錯了，但這些都被內容上的共識所掩蓋了。

在面對分歧的時候，我們需要明確下面幾點認知：

分歧是普遍存在的

無論是夫妻之間，還是父母與子女之間，抑或是陌生人之間，分歧都是普遍存在的。在世界上，每個人都是一個獨立的個體，沒有兩個完全一樣的人，在溝通中，不同的個體擁有不同的想法，這些不同想法的碰撞就會產生出分歧。沒有人能夠控制分歧的產生，但我們卻有辦法去化解分歧。

分歧中也存在「共識」

分歧中的「共識」就是說分歧觀點中存在的相同之處，這一點不容易發現，但卻是可能存在的。求同存異需要尋找的就是分歧的相同之處，善用這種「共識」才能夠緩和分歧，從而保證溝通順利進行。

不要試圖否定與自己存有分歧的觀點

分歧產生於溝通雙方不同觀點的表達，分歧產生之後如果

不受到激化,一般都不會對溝通造成致命的影響。一旦有一方去試圖否定對方與自己存在分歧的觀點之後,分歧便會逐漸擴大,最終影響到溝通的順利進行。

當我們否定對方的觀點時,對方一定會產生牴觸情緒,這種牴觸情緒又會促使他對我們的觀點進行反擊。溝通就是在這樣的情形之中,逐漸演化成為雙方觀點的對攻,最終溝通會陷入僵局之中。

不去溝通就不會產生分歧,這種方法顯然是行不通的。正如前面提到的一樣,分歧的產生並不可怕,應對分歧的最好方法就是求同存異,只要善於發現分歧中的共識觀點,就能夠化解分歧,讓溝通繼續沿著預定的軌道去進行。

好好說話,別動不動就談道德
—— 別在道德上對人上綱上線

> **反暴力溝通箴言**
>
> 「講道德」是件好事,但在溝通過程中,滿嘴道德卻並不是一件好事,因為大多數人都討厭這一點。談道德是沒有錯的,但在溝通過程中,動不動談道德就是大錯特錯的,因為溝通的時候需要考慮特殊的情境和語境。

第四章　如何控制溝通中的暴力事件

　　F先生是個嚴肅的人，出生在書香世家的他，從小便接受著良好的教育，這也使得F先生在修養和舉止上要比其他人優雅高貴許多。帥氣的臉龐加上超高的智商，F先生儼然是一個完美男人。這是大多數沒有接觸過他的人的看法，真正接觸過F先生的人會認為他是一個並不友好的人。

　　F先生在與別人談論事情的時候，總喜歡用自己的道德準繩去要求別人。書香世家的薰陶讓他儼然成了當世的道德楷模，每一次評價別人的時候，F先生都會抓住對方的弱點不放手。與別人不同的是，F先生抓住的都是別人在道德上的問題，一般來說，這些也算不上是問題。

　　對於辦公桌凌亂的人，F先生的評價是缺乏自律和自理能力。對於經常犯錯的人，F先生的評價是缺乏自省意識。對於個性張揚的年輕人，F先生的評價是不懂得規則禮法，個人品德有問題。

　　在「講道德」這件事上，不同的人有著不同的看法。人活在社會這個大圈子之中，講道德是一項與人交往的基本準則，誰都應該去學習和踐行。但如果僅僅將這種講道德的準則集中到嘴上，就會讓人難以接受，同時也並不利於溝通活動的展開。

　　上面故事中的F先生在相當程度上是一個完美的人，因為大多數人都有的缺點他通通沒有。之所以會讓別人感到不友好，是因為F先生在要求別人的時候，太過於注重自己的準則了。F先生總是用自己的道德標準去要求別人，在和別人交流的

好好說話，別動不動就談道德
——別在道德上對人上綱上線

過程中，也總是將談話上升到道德的高度，F先生侃侃而談，別人卻並不感興趣。

原本只是一件個人習慣方面的事情，在F先生的口中就會變成道德敗壞的事件。原本只是粗心大意造成的工作失誤，在F先生的口中就會變成人品出了問題。F先生是個全能的人，也是個完美的人，但卻也是一個並不友好的人，至少在人際交往方面，F先生的問題是很大的。

像F先生這樣的人，在生活中並不少見，簡簡單單的一個小問題，他們最終會上綱上線到道德、思想品質和人生價值觀的層面上。在出現問題之後，他並沒有將關注點集中在問題上，而直接忽略了問題，對出問題的對象開始上綱上線地批評指責。很多時候這種批評指責都是相互的，這種問題的出現便導致了真正的小問題沒有解決，反而出現了更大的問題。

一家公司接到客戶回饋，對產品的幾項功能感到不滿意，要求公司盡快給出解決方案。業務總監拿著產品找到了技術總監，但技術總監帶著手下的技術員正在處理其他方面的工作，讓業務總監過一段時間後再來討論產品改進問題。

業務總監感到自己的正常要求遭到無視，便對著技術總監大喊道：「老闆一直在說客戶是上帝，你們卻弄出這樣一個破產品出來，讓我如何賣！現在客戶提出意見了，你們還不快速改進！」技術總監並沒有回應業務總監的話。

業務總監離開了技術部，轉身便進入了董事長的辦公室，

第四章　如何控制溝通中的暴力事件

向董事長抱怨道:「技術部有那麼多人,卻做不出一個像樣的產品。他們天天在幹什麼?尤其是技術總監,拿那麼多錢,卻極其不負責任。我剛和他溝通客戶提出的問題,他就推三阻四,再這樣下去我們業務部門就無法做了。」

董事長將技術總監叫到辦公室,技術總監同樣抱怨道:「董仔,我一直在忙於你給我的新產品研發任務,有三個星期連週末都沒有休息了。他對技術一竅不通,卻對我們指手畫腳。如果你相信他的話,我沒辦法做了。」

原本是一件簡簡單單的事情,但經過業務總監的「上綱上線」之後,事情就變得異常複雜了。客戶投訴說對產品的功能感到不滿意,要求公司給出修改意見,業務總監找到技術部門要求技術總監對產品進行修改,這一系列流程並沒有錯。技術總監因為手頭正在處理新的任務要求業務總監過一段時間再討論這個問題,也並沒有明顯的問題。

問題就出在業務總監的幾句話上面。原本只是需要簡單修改一下產品的設計方案,業務總監卻從否定產品開始,發展到了否定整個技術部門,這一點就有些「上綱上線」了。產品存在問題接到客戶投訴是很常見的事情,只要安排下時間交給技術部門就可以了,技術部門沒有時間,就確定一下時間,及時回饋給客戶,同樣能夠解決問題。但這位業務總監顯然選錯了方法。

在溝通過程中,「上綱上線」是十分可怕的一件事情,它不僅不能將小問題解決,還會讓小問題發展為大問題。不僅在職

好好說話，別動不動就談道德
——別在道德上對人上綱上線

場之中如此，在父母和子女間也是如此。很多時候，在父母和子女的溝通中過分「上綱上線」，將簡單的小事上升到道德的高度，不僅不會讓子女認識到自己可能存在的問題，反而會影響到孩子正確人生觀和價值觀的養成。

當孩子在生活中出現錯誤的時候，言語上的批評是必要的，但將這種必要的言語上升到道德的高度，指責孩子的品格和道德存在問題，就有些不太妥當了。在與孩子的溝通上，父母應該注意三個方面的內容：

▍避免「挖苦式」溝通

「你還能幹什麼？」「指望你將來有什麼用？」這種挖苦式的批評容易讓孩子產生反抗心理，並不是一種好的溝通方式。

▍避免「算總帳」式溝通

喜歡「算總帳」的父母最容易將孩子的問題「上綱上線」，這對於孩子的成長是十分不利的。對於孩子所犯的錯誤，就事論事、點到即止是最為正確的方法，盲目加深問題的嚴重性很容易讓孩子滋生錯誤的價值觀。

▍避免過於嚴苛的溝通

即使是批評，也需要掌握好一定的分寸，批評時應該根據孩子的年齡及認知程度確定好批評的力道。不能過分「上綱上線」地用大人的標準來評判孩子。

第四章　如何控制溝通中的暴力事件

「講道德」是件好事，但在溝通過程中不停地「講道德」就會讓人感到厭煩，原本簡單的一件事情，並不需要上升到道德的高度去評判。但有些人就是喜歡甚至習慣於對任何事情都「上綱上線」，將自己標榜成為道德的模範，這種人往往會活在自己的世界，很難融入大多數人的世界裡去。

在溝通之中，遵守道德的準則是必要的，但將每一件溝通中的小事都上升到道德的高度卻是沒有意義的。這樣只會讓溝通變得枯燥無聊，進而難以繼續下去。

冷酷地要求，只會遭到更多人的白眼
── 說點甜言蜜語並不掉價

反暴力溝通箴言

在溝通的過程中，對話雙方的地位是平等的，這一平等的關係並不會因為哪一方說的多，哪一方說的少而發生改變。說一些對方愛聽的話並不會降低自己在溝通中的地位，反而會使溝通進行得更加順利，更加符合自己的心意。

很久之前有一個國王，他夢見自己嘴裡的牙全部都掉了。為了知道這個夢背後的寓意，國王找到了兩位解夢師。這兩位解夢師來到王宮後，國王向他們訴說了自己的夢境。

冷酷地要求，只會遭到更多人的白眼
——說點甜言蜜語並不掉價

這並不是一個複雜的夢境，大多數解夢師都可以解釋出來。聽完國王的敘述，第一個解夢師說道：「尊敬的國王，您會在您的親屬都死去之後才會死。」聽完第一個解夢師的話，國王顯得有些不高興。第二個解夢師也說道：「尊敬的國王，這個夢代表著您將是您家人之中最為長壽的一位。」聽完第二個解夢師的話，國王龍顏大悅。

國王宣布將第一個解夢師逐出王宮，並賞賜給第二個解夢師一百個金幣。

同樣的一個夢，兩個解夢師給出了不同的回答，但仔細觀察可以發現，兩位解夢師給出的回答其實都沒有錯，都能夠解釋這個夢境，只不過兩個人用了兩種不同的說法來表達而已。從故事中可以發現，兩種不同的說法得到了不同的結果。第一個解夢師的話讓國王十分生氣，第二個解夢師的話則讓國王龍顏大悅。

在溝通過程中，同樣一個意思，使用不同的說法去表達會取得不一樣的效果。向別人提出要求時，如果我們態度冷酷、言辭生硬，就會讓對方感到不舒服。同樣是向別人提出要求，如果我們態度友善，多說一些「甜言蜜語」就會很容易讓對方接受，這樣一來，我們的要求就會更容易實現，溝通的目標也就更容易達到。

一位心理學家曾說：「當你對一個人說話時，你不是想對他傳達訊息，就是想改變他。但對方是否會接受你的意思，換句

第四章　如何控制溝通中的暴力事件

話說，你的溝通目的是否能夠實現，卻是另外一回事了。」很多人並不重視這句話，認為在溝通過程中，只要自己把意思表達清楚，自己的任務就算完成了。但實際上，溝通是一項雙向的交流活動，這項活動能否成功並不完全取決於我們自身，而需要取決於對方的反應。想要讓對方有一個好的反應，我們就應該改變自己的表達方式，多去說一些好話。

戰國時期法家學派代表人物韓非曾寫過一篇著名的文章〈說難〉。在〈說難〉的開篇，韓非子提到了溝通、遊說有「三不難」、「一難」。

其中，「三不難」是指「凡說之難：非吾知之有以說之之難也，又非吾辯之能明吾意之難也，又非吾敢橫失而能盡之難也」。意思是說知道溝通的困難點，知道辨別事理的能力，有勇氣毫無顧忌地表達，這三點是並不困難的。

而「一難」則是指「凡說之難：在知所說之心，可以吾說當之」。意思是說我們說的話必須要合對方的意，如果我們說的話對方感到反感而接受不了，那溝通的效果將會是非常差的。

有些人特立獨行，在與人交流的過程中也喜歡時常展現自己冷酷的一面，語言表達總是帶有自己獨特的風格。擁有自己獨特的語言表達風格並沒有錯，如果這種風格讓別人無法接受就是個問題了。

在後面的小節中我們會提到讚美在溝通過程中的神奇功效，

冷酷地要求，只會遭到更多人的白眼
——說點甜言蜜語並不掉價

相比於冷酷地要求對方，不如用優美的語言去讚美對方。當對方接受我們的讚美之後，再循序漸進地將我們的要求推給對方，這樣對方就會更容易接受我們的要求。

有些人認為在溝通過程中，尤其是談判過程中，率先「說好話」的人會顯得低人一等，是一種「示弱」的表現。但實際上，在溝通過程中，雙方的地位應該始終保持平等，不能因為哪一方率先說了一句「好話」，而使溝通的天平傾斜向另一方。

當我們率先說出「好話」，對方接收到的時候，也會給予同樣的回饋，這樣溝通的天平就能夠始終保持平衡。如果對方沒有接收到或者接收到了而沒有給予同樣的回饋，溝通的天平就會發生傾斜。如果出現這種情況，我們就要及時做出判斷，對方沒有接收到我們的「好話」，我們就再次表達自己的好意。如果對方接收到了卻沒有給出相應的回饋，那我們便沒有必要繼續浪費自己的好意。

在溝通過程中，聰明人在說話時會追求有話好說，而愚蠢的人在說話時卻會毫無顧忌，只顧自己的感受，無視對方的感受。愚蠢的人很多時候還會以尖銳的語調要求對方，這樣不僅達不到預期的目的，同時還有可能會引發暴力溝通行為。

在反暴力溝通中，溝通雙方應該在互相尊重的基礎上展開對話。這也就是說溝通雙方都需要在溝通過程中時刻注意對方的感受。在進行表達時也要注意自己的語氣態度，不要因為個

第四章　如何控制溝通中的暴力事件

人情緒的原因說出過分的話語,從而引起對方的不適,影響溝通的順利進行。

當然,溝通的正常進行是雙方共同努力的結果,但沒有辦法去確定在一個溝通活動中,溝通雙方都需要付出多少的努力。每人 50% 看上去很公平,但卻並不現實。所以在溝通過程中,如果透過多說一些「好話」,多付出一點好意,就能促使溝通活動順利達成的話,我們主動多說一些「好話」也是無妨的。

「豆腐心」很好,但要謹防成為「刀子嘴」
—— 存善心也不能說「惡語」

> **反暴力溝通箴言**
>
> 在溝通中,「刀子嘴」和「豆腐心」並不一定同時存在,想要減少溝通中的暴力事件,丟掉「刀子嘴」就好了。

「刀子嘴」和「豆腐心」經常被放置在一起使用,主要用來指代一個人言語上非常尖銳鋒利,但內心卻溫暖柔軟。這種「表裡不一」的人在溝通活動中是十分常見的。但在溝通中,這兩者並非始終形影不離,有的人是「刀子嘴,豆腐心」,有的人只有「刀子嘴」,有的人則只有「豆腐心」。

只擁有「刀子嘴」的人在溝通過程中是非常厲害的,但這並

「豆腐心」很好，但要謹防成為「刀子嘴」
——存善心也不能說「惡語」

不代表他們真的很善於溝通。只擁有「豆腐心」的人是善良的，但在溝通方面可能會稍稍欠缺一些。同時擁有「刀子嘴」和「豆腐心」的人雖然內心善良，但在溝通表達過程中卻總會說出傷人的話，他們的「豆腐心」總會被「刀子嘴」所破壞。

在這裡我們不去強調哪種類型的人更好，我們只從溝通的角度來分析一下「刀子嘴」和「豆腐心」的問題。在溝通過程中，保有「豆腐心」是件好事，因為只有真誠善良的人才能夠遇到同樣真誠善良的人。在溝通過程中，「刀子嘴」則是多餘的東西，它會破壞人與人之間的感情，會割裂人與人之間溝通連繫的紐帶，讓溝通沒有辦法順利進行下去。

2003年，中國女主持人張越應邀客串了一次《藝術人生》的主持人，當時，節目組安排她採訪的人物是香港歌手謝霆鋒。這次採訪非常成功，就連《藝術人生》原本的主持人，也對張越徹底敬服了。下面是此次節目的一小段插曲。

張越：「我們今天的嘉賓很特別，來自遠處的謝霆鋒，有請（霆鋒面帶笑容從禮花中走出來與主持人握手），你好，來，你等會兒，先別坐下，你看我們這裡有很多盞燈籠，上面都寫著很多的詞，我們希望每個來賓能夠從中選出最能代表他2003年心情的詞，我們替你點燃那盞燈，你會選哪個詞？」

謝霆鋒：「我看到有堅守，所以我覺得這個滿合適的。」

張越：「堅守。」

謝霆鋒：「恩。」

第四章　如何控制溝通中的暴力事件

張越：「請替謝霆鋒把『堅守』點燃，那我問你，為什麼你選堅守呢？」

謝霆鋒：「我覺得2003年其實對我來說好像是個轉變期吧，每個人其實都有轉變的時間，這個過程是需要堅守，所以這兩個字是滿合適的。」

張越：「好！那我們坐下慢慢聊好嗎？」

謝霆鋒：「可以。」

張越看到謝霆鋒穿了皮衣，說道：「來坐這裡，你把衣服脫了吧，多熱啊，我都出汗了。」

謝霆鋒：「那……我也我也……不客氣了。」

可以說，這是張越第一次採訪謝霆鋒。她之前對謝霆鋒並沒有什麼了解。但一開場，張越就用溫和親切的語氣，讓謝霆鋒放鬆下來。對於張越來說，對謝霆鋒這個年齡層的人，對他的歌曲並不是十分熟悉。如果換作其他主持人，必定會巧言裝作「英雄惜英雄」的樣子，但是張越卻不同，她坦然真實地與對方交談。

張越後來說：「我沒怎麼聽過你的歌開始，然後聽了你的一些事……我就開始有個疑慮，我想，他可能不是我以為的那樣……他拿這事可能挺認真的。」

當謝霆鋒聽完張越的話後，他的表情露出了意外和動容。謝霆鋒之前參加過數次節目，都是很官方、很客套的談話。要麼是主持人想挖猛料，要麼是主持人大大恭維。

> 「豆腐心」很好，但要謹防成為「刀子嘴」
> ——存善心也不能說「惡語」

很顯然，張越的話，成功地讓謝霆鋒的內心起了波動。在後面的時間裡，謝霆鋒接下來的所有對話都與張越談得十分認真投入。好幾次，謝霆鋒都由衷地感慨，自己真的與張越很有共鳴，眼睛裡也對張越始終充滿了尊敬。

整場節目中，觀眾們也投入得很深，所有人都陷入這場訪談中難以自拔。

要知道，大部分主持人都會對嘉賓表現出「久仰大名」的粉絲狀態。而直率型主持人則會直接說「你都唱了什麼歌？不好意思我一首都沒聽過，我光聽你的負面新聞了」，張越就是典型的直率型主持人，但張越卻在結尾加了句「我跟你年紀相差比較多，只覺得這孩子真可惜」，她用直率但溫和的口氣，深深感動了作為嘉賓的謝霆鋒。

在這裡，我們還需要認識一位女士，這位女士就是美國最具影響力的首席心理治療大師維琴尼亞・薩提爾。薩提爾女士建立了薩提爾溝通模式的理論體系，其中有一個重要的溝通模式被稱為指責型生存姿態。

每一個人在成長的過程中都會受到威脅或傷害，自然界中的個體為了生存會發展出一種保護自己的手段，這種手段就是生存姿態。所謂指責型生存姿態就是在日常溝通之中，個體為了保護自我價值免受真實或假定存在的威脅的傷害，從而做出的以指責、否定、評判他人為主的語言表達。

「刀子嘴，豆腐心」的人就具有典型的指責型生存姿態，他

第四章　如何控制溝通中的暴力事件

們的內心是柔軟的，但外在表現卻是強硬的。在具體表現上，指責型生存姿態的人往往會有強而有力的身體表現，而在內心裡卻表現得十分柔弱。

另外，指責型生存姿態的人還會表現出較為明顯的言語攻擊性，包括責備他人、否定他人和負面評價他人。事實上，這些外在的攻擊性語言與他們的內心體驗其實並不一致，指責型生存姿態的人在溝通過程中的本意並不是為了攻擊對方，而是單純想要透過語言表達來表現自己的強大。

從生存姿態本身的角度來考慮，指責型生存姿態的人指責他人的目的更多是為了保護自己。透過指責別人，就可以將錯誤推到別人的身上，從而避免承認自己的犯錯行為。透過否定對方的觀點，來確定自己的價值，保證自己與他人的安全距離。

指責型生存姿態並不是一種正常的溝通姿態，即使有「豆腐心」的人也不能用「刀子嘴」與他人進行溝通。在溝通過程中，很多人並不想變成「刀子嘴」，但在不自覺之中就是控制不住自己，想要徹底解決這個問題，主要需要做好三個方面的內容：

▍認識並了解自己

認識自己在溝通過程中的行為表現是解決問題的第一步。很多時候，在溝通過程中，我們並不會去注意自己的言辭和表達，以至於自己在說出指責和傷害別人的言語時卻不自知。當這種語言表達成為習慣之後，想要改正就比較困難了。

「豆腐心」很好，但要謹防成為「刀子嘴」
——存善心也不能說「惡語」

認識並了解自己的這種語言表達習慣是十分重要的。當我們在與他人進行溝通的過程中，有意識地對自己的語言姿態和身體姿態進行觀察，從而確定自己是否真的存在指責型的溝通姿態。我們可以在言辭激烈的時候，去感受自己的身體是否出現了緊繃狀態，從而察覺自己內心是否出現了同樣的感受。

▌誠實面對自己的內心

在認識和了解自己之後，我們應該正視自己的指責型溝通姿態。「刀子嘴」的出現更多是為了掩飾我們內心的脆弱，想要改變「刀子嘴」，就要誠實面對自己的內心。在溝通過程中，向對方展示我們內心的真實感受，可能會存在一定程度的風險，但如果不這樣做，我們就沒有辦法找到問題的根源，也沒有辦法去改變存在的問題。

在溝通過程中，越是咄咄逼人的人，他的內心就越是脆弱。這些人不敢面對自己的內心，只能用激烈的言辭來掩飾內心的不安。不能誠實面對自己內心的人，是沒有辦法從根本上做出改變的。

▌改變不合理的想法

正視了自己的內心之後，剩下要做的就是改變自己的習慣。習慣的養成需要經歷漫長的時間，習慣的改變也需要付出長時間的努力。「刀子嘴」主要表現在溝通過程中言辭過於激烈，用語中會過多出現極端的詞彙，從而讓對方感到不舒服，

第四章　如何控制溝通中的暴力事件

影響溝通的順利進行。

很多人知道自己存在「刀子嘴」的問題，卻往往會用「豆腐心」去掩飾。這是一種錯誤的做法，雖說「豆腐心」很好，但「刀子嘴」卻是要不得的。惡語就像是一根根鋒利的尖刺，會直接透過對方的耳朵，刺入對方心中，從而造成難以彌補的傷害。

在溝通過程中，對別人惡語相向不僅是一件很沒禮貌的事情，更是暴力溝通的一種重要表現。「刀子嘴」所損害的並不僅僅是一次溝通，它還會損害溝通雙方的情感，這種傷害往往是無法彌補的。

想要改變這一問題，首先要做的就是改變自己在溝通中的用詞，盡量避免過多使用極端詞彙，減少絕對性詞彙的出現，讓我們說出的話如豆腐一樣柔軟，這樣對方才能更好地接受。

第二個要改變的就是我們頭腦中的想法，言辭激烈的根源在於頭腦中的想法，一些不合規則或是極端的想法會造成語言上的暴力。相較於表達出來的語言，頭腦中的想法是出現溝通暴力的根本因素，只有從想法上改變，才能最終改變自己的語言表達。

多一點「豆腐心」，少一些「刀子嘴」，這樣溝通才能更加順利地進行。

飯可以亂吃，話不能亂說
── 說話之前先動腦，避免「拿起嘴來就說」

> **反暴力溝通箴言**
>
> 　　真正懂得溝通之道的人，都是在用大腦說話。不懂溝通之道的人，則往往不用大腦，只依靠自己的嘴去說話。不同的結果就在於，動腦的人成了溝通大師，動嘴的人忘記了大腦的作用。

　　一次，中國某主持人和一個北京女孩一起做了一檔節目。節目中女孩問主持人：「你對北京女人怎麼看呀？」

　　主持人脫口而出：「我就沒有見過幾個北京女人。」

　　還沒等女孩反應過來，主持人緊接著再次解釋並強調了自己的話：「北京女人特愛抽菸、吹牛，比如她們說喝路易十三，你別信；還有說能辦成的事情，你得打問號；此外還善變，SARS 流行的時候，都不說自己是北京的，全變成東北的了；申奧了，又紛紛說我家就在奧林匹克體育館後面。」

　　這一下，女孩可再也坐不住了，於是忙站起來尷尬地自嘲道：「我就是正宗北京女人，我不覺得呢！你是說北京女人大大咧咧吧！」

　　這名主持人作為主持界的「名嘴」，這次話說得確實是有些滿了。他可能只是想抨擊一種社會現象，卻沒有思慮周全，反

第四章　如何控制溝通中的暴力事件

倒讓女孩有些尷尬。好在女孩反應敏銳、性格直率,才沒有引起更大的風波。

很多人在溝通過程中都或多或少地存在這樣的問題。在溝通過程中,說話不經大腦是一件很嚴重的事情,十句話中有九句經過了大腦,只有一句沒有經過大腦,人們記住的可能就是那句沒有經過大腦的話。一句話的力量抵得上九句話的力量,這是每個人都應該關注的問題。

中國古代典籍中有「十語九中未必稱奇,一語不中則愆尤駢集;十謀九成未必成功,一謀不成則訾議叢興,君子所以寧默毋躁,寧拙毋巧」的說法。其意思就是說我們所說的十句話中有九句都說對了,也不一定會得到別人的讚賞。但只要我們在十句話中有一句沒有說對,那就一定會受到流言的詆毀。

使用謀略也是一樣,十次謀略中有九次成功,也不一定會得到別人的讚賞。但如果有一次謀略失敗,就一定會遭到譴責和非議。所以典籍中指明君子要不驕不躁、沉默寡言,寧可表現得笨拙,也不能顯露自己的靈巧。

我們暫且不去討論這部典籍對君子的要求是否正確,我們可以將前面的內容總結為一個詞語 —— 言多必失。其實典籍中的內容與我們生活中的故事也存在著諸多連繫,例如:U 小姐可能在聚餐過程中說了很多句話,這些話都沒有引起大家的反感,唯獨最後一句話,影響到了大家的心情。所以 U 小姐不僅是說話沒有經過大腦,同時也可能是說了太多的話,只是前面

飯可以亂吃，話不能亂說
——說話之前先動腦，避免「拿起嘴來就說」

她所說的再多好話也無法彌補最後這句不好的話。

古語有云：「君子慎言，禍從口出。」這句話也是在告訴人們要小心自己的言辭，做人要謹言慎行，話不能夠亂說，我們在言語使用上稍有不慎就會引禍上身。面對不同的場合、不同的環境和不同的談話對象，都要使用合適的語言進行表達。

中國有許多古話都在談「慎言」的話題，這與我們在這裡講到的說話前多動腦子是同樣的話題。中國的語言文化充滿了美麗，往往一個字或是一個語調的差異，就會造成整個句子意思的改變，這也是古人提倡「慎言」的原因所在。不經過深思熟慮，口不擇言就會鬧出很多笑話，同時也會造成許多不必要的尷尬和誤會。

一位園藝師家中被強盜洗劫一空。第二天，雇主看到園藝師滿面愁容，便詢問園藝師在為什麼事情而發愁。園藝師心情沮喪地說道：「昨天晚上我的家中被強盜洗劫一空，累積了一年的錢財全沒了。唉！現在想來就當是替強盜白白工作了一年。」聽完園藝師的話，雇主臉上的表情馬上就變了，很快，園藝師便遭到了解僱。

雇主換了一位新的園藝師，這位園藝師正好與前一位園藝師相熟，便向雇主詢問為什麼辭掉前一位園藝師。雇主將自己與前一位園藝師的對話複述了一遍，新來的園藝師聽後說道：「園藝技術是每個園藝師安身立命的根本，說話藝術則是每個人的生存根本。」

第四章　如何控制溝通中的暴力事件

說話不經過大腦，不注意場合，不注重談話對象的身分都會引發溝通過程中的矛盾。在《三國演義》之中，出身名門望族的楊脩就是因為「口不擇言」丟掉了自己的性命。雖然楊脩才識過人，但因為自己恃才傲物，屢次在言語上觸怒曹操，曹操雖然愛才，但面對自己無法掌控的楊脩也只得痛下殺手。楊脩之死的原因在哪裡？大部分是由於他在說話前不考慮場合、對象，不運用大腦所導致的。

聰明的人會用大腦說話，愚蠢的人則只會用嘴巴說話。很多時候，人學會遲鈍一點，這裡的遲鈍並不是說大腦運轉的遲鈍，而是說舌頭運轉的遲鈍一些。當我們在說話的時候，出口前先「三思」，如果覺得「三思」不夠，就再「四思、五思」，謹慎發言，哪怕比別人慢個幾拍，只要不出問題就是無妨的。

具體來說，這裡有三種簡單的方法來防止我們說話不經大腦：

▍把話留在大腦中三秒鐘

在說話之前，讓話語在大腦中停留三秒鐘時間，然後再去開口說話。在這三秒鐘時間裡，大腦將會對這些話語進行分析，從而指導嘴巴進行相應的表達。在使用這種方法之前，我們可能想到十句話就會說十句話，而使用這種方法之後，我們會發現，原來想到的十句話，只有七句是適合說的，剩下兩句在這個場合並不適合說，還有一句則是任何場合都不能說的話。

飯可以亂吃，話不能亂說
——說話之前先動腦，避免「拿起嘴來就說」

▎放慢說話時的語速

溝通的過程並不是唇槍舌劍的過程，我們在進行表達的時候，沒有必要追求「光速」般的表達。放慢自己的說話速度，這樣也會給大腦一些時間去檢驗自己說出的內容是否合適，不要一下子如連珠炮似的將所有話語都表達出來，這樣很容易在不經意間說出不合時宜的話語。

▎多思考，少說話

在溝通過程中，沒有人規定我們應當說多少話，我們只要保證與對方順暢溝通，不至於冷場就可以了。話不必多說，在溝通的時候，我們可以適當控制自己的發言次數，做一個傾聽者。在溝通中多動腦，少動嘴，輪到自己說話的時候謹慎表達，沒有輪到自己說話的時候就認真聆聽。

除了這三種方法之外，在溝通過程中，還有一些話需要少說，甚至是不說，這些也是反暴力溝通中必須要掌握的內容：

▎直話少說

心直口快並不是壞事，但說話太直卻容易傷人傷己。即使自己內心確實有這樣或那樣的想法，委婉地進行表達，給別人留點空間，也為自己留點空間。

▎怨話少說

每個人或多或少都會有不如意的事情，但並不是每個人都

第四章　如何控制溝通中的暴力事件

會對這些事情滿懷抱怨。抱怨的話具有極其強大的負面能量，不僅會影響到自己，也會影響到別人。那些喜愛抱怨的人，與其喋喋不休地抱怨，不如靜下心來，細思改變，尋找新的發展機會，改變自己的命運。

閒話少說

搬弄是非的人最容易讓人討厭，當我們議論別人閒話的時候，別人也同樣在議論我們的閒話。很多時候，一句不經意間的閒話就會引發軒然大波，閒話無益，害人害己。

胡話不說

相比於閒話，胡話的危害性更大，亂說胡話是對當事人的一種侮辱和不尊重，不僅容易給其他人留下不好的印象，同時也是一種侵害他人合法權益的行為。

大多數暴力溝通事件的發生，往往只是因為很小的一件事情，比如在特殊的時間和地點說了一句不合時宜的話。看上去是件小事，但實際上卻會對溝通造成十分惡劣的影響。說話前多動動腦子，要比說話時多動嘴的作用大得多。在溝通過程中，讓腦子引領嘴巴，才是正確的「說話之道」。

溝通是場戲，但絕不是獨角戲
── 不要只顧著自己過癮，溝通不是獨角戲

> **反暴力溝通箴言**
>
> 　　溝通絕不是一兩個人的事，在團隊中，溝通就顯得尤為重要。

對於管理者來說，在管理中其實遇到各類問題都不可怕，可怕的是團隊成員不會溝通，而且拒絕溝通。溝通是解決問題的關鍵，在團隊中，我們能用溝通來讓矛盾從大變小，再從小變無。最終，在大家都能接受的範圍內，想出解決問題的方法。

當然，管理者除了管好團隊之外，另一個重要的任務就是讓團隊成員從不願說話到願意說話，從不愛說真話到愛說真話。只有讓團隊成員學會溝通，才能讓團隊的能力充分發揮。

對於企業發展來說，只有充分的溝通，才能幫助團隊更好更快地解決問題。

如果想讓團隊的溝通更加順暢，僅僅加強每個人的工作能力是不夠的，還要讓團隊的每個人都做好自己分內的工作，處理好自己在職場中的各種人際關係。

不管你在團隊中是跟下屬、同事，還是高層主管，都要注意保持良好的人際關係，這樣一來，不但能保證你的管理工作

第四章　如何控制溝通中的暴力事件

順利開展，還能保證你在管理方面遊刃有餘。這些都是有效溝通在發揮著巨大的作用。

要想讓團隊學會如何溝通，身為管理者，不但要有很強的管理能力，還要善於應對各種層面的人群。因為團隊成員的家庭背景、教育程度、興趣愛好以及觀念都各不相同，這導致他們很難相互溝通。但是他們在對某件事情存在較大分歧時，也只能透過溝通來解決。

讓團隊成員學會溝通，首先要讓他們明白團隊發展的目標和計畫，要讓大家盡量把自己的目標和團隊目標結合起來。

在團體溝通中，每個人都代表各自的利益，尤其是談判和合作。一旦有一方急功近利，或者貿然行動，就有可能導致整個合作破裂。這種情況下，用話題轉移法能幫助你進行有效溝通。

英國首相邱吉爾，跟蘇聯領導人史達林在莫斯科進行會談的時候，希望蘇聯能放棄歐洲登陸，並且開闢非洲戰場。

當然，史達林明確表示拒絕了。一時間，雙方誰也說服不了誰，談判也就陷入了膠著的狀態，談判桌上出現了僵持緊張的氣氛。

只見史達林鐵青著臉，坐在旁邊一言不發。邱吉爾靈機一動，換了一個話題。他問史達林，對德軍轟炸的安排是什麼。史達林一聽，臉上立刻浮現了笑意，積極地參與到談話中來。

溝通是場戲，但絕不是獨角戲
——不要只顧著自己過癮，溝通不是獨角戲

聊著聊著，緊張氣氛也就緩和了。過了一會兒，邱吉爾看現場的氣氛已經醞釀得比較火熱了，於是又重新提到了原來的話題。

經過與邱吉爾共同談論了對德軍的轟炸安排，史達林明顯沒有之前那麼抗拒了。他沉吟了一下，對邱吉爾緩緩說出了自己的顧慮。

邱吉爾耐心地聽完後，接過話題，對史達林曉之以理，動之以情，在一番遊說後，雙方終於就戰場問題達成了初步的共識。

就像例子中說到的，為了緩和團隊氣氛，邱吉爾及時轉換了一個話題，把內部問題引到如何對付德軍上。這讓史達林頓時有了參與感，也有了興趣，於是一步一步陷入了邱吉爾的溝通「圈套」。

只有讓對方感受到更多參與感，才能把溝通進行得完善。從潛意識來說，凡是自己參與的事情，我們才能投入更多的精力，這是人之常情。親自參與了決策的生成過程，才能對決策更容易理解，日後也能更好地執行。

此外，在團隊溝通過程中，集思廣益也是非常重要的。團隊溝通最有效的手段之一就是腦力激盪，在團隊溝通前，先來上一段腦力激盪，不僅可以讓團隊成員都參與到溝通中，而且可以收集到更多奇思妙想，形成更多思想碰撞，從而得到更多建設性的意見和建議。

那麼，提升團隊溝通效率的途徑有什麼呢？

第四章　如何控制溝通中的暴力事件

　　首先是增加凝聚力。凝聚力是個人被團隊所吸引的一種動力，這個團隊也包括所有的團隊成員。我們經常說，士氣很重要，因為士氣是對團隊、成員、任務和工作環境的滿意度，是一種良好的溝通狀態。

　　增強團隊的凝聚力，不但可以提高工作效率，還能促進團隊完成任務，形成豐碩成果。凝聚力強的團隊，其個人對團隊其他成員、任務和工作環境的滿意度都會大大提升，提升士氣和提高溝通能力，兩者是相輔相成，互為因果的。

　　此外，認清成員特質也相當重要。一個高效的團隊能恰當地混進不同類型的成員，能夠促進團隊的共同成長。《西遊記》取經的五人組（含白龍馬）就是很好的團隊例子。

　　在團隊溝通的內容與過程中。「內容」是指團隊面對的主題或任務。而「過程」則是團隊在完成任務過程中，團隊成員之間和成員自己所經歷的狀態。

　　對於溝通過程的分析、研究、查詢問題、優化解決的過程，就是提升團隊溝通效率的過程。正所謂「磨刀不誤砍柴工」，在團隊溝通中，提升效率相當重要。

　　中國深圳工業區曾經在多年之前跟德國某跨國公司就引進新型汽車技術問題進行了一場談判。當時，談判進行得有點不順利。雖然解決了不少問題，但雙方還是在最重要的「專利費」問題上發生了爭執，頓時，談判陷入了僵持狀態。

溝通是場戲，但絕不是獨角戲
——不要只顧著自己過癮，溝通不是獨角戲

德國代表譏諷道：「你們國家發明了指南針，被我們用來航海，把世界各地連成一片；你們國家發明了火藥，被我們拿起來開啟了你們的國門。你們呢？只會拿著老祖宗發明的指南針算命，拿火藥來放煙火，真是可笑。」

中國談判代表中有個年輕人不滿，回敬道：「我們祖先發明這些東西的時候，你們的祖先又在哪兒呢？搞不好還在樹上摘桃子呢，不信你們看看自己的胸前，是不是毛髮都比我們旺盛？」

此言一出，德國代表下意識地看了看胸前，有些惱羞成怒。

雙方互不相讓，眼看這場談判就要談崩了，這時，中國的一位談判代表笑咪咪地站起來，說道：「在座的各位先生們，就像你們說的，在四千多年前，我們的祖先成功發明了指南針，兩千多年前，我們的祖先又發明了火藥。時至今日，全世界的人類都在享受著這兩項發明所帶來的偉大成果。作為後代，我們從來沒有為他們討要過專利費用，不是嗎？」

德國代表若有所思地笑了笑。中國談判代表趁熱打鐵道：「當然，各位請不要誤會，我們可沒有逃避專利費用的意思，我們只想追求個公平。」

接著，他又闡述了談判的主題和這項發明的利用，在一片融洽的氛圍中，德國人心服口服地同意了中國談判代表提出的數字。

欲知其利，必先知其害。在團隊溝通中，有時因為人太多，反而可能會跑題，或者後面人會重複前人的觀點，這是團隊溝

第四章　如何控制溝通中的暴力事件

通中不必要的內耗。此外,團隊溝通最重要的是溝通結果,因此,如非特別必要,個人意見應當服從最終的溝通決定。

對於團隊間的有效溝通,我給出如下五點建議:

▌治大國若烹小鮮,道理是相通的

把任何一件簡單的事情拆分開來仔細看,其實都有著很深的道理,不是它不值得學習,而是我們沒有去學會。所以在溝通中不要固執堅持己見,也不要嘴上同意,背後抱怨。

▌觸類旁通

團隊溝通的技巧離我們的生活很近,因為團隊溝通的形式是多樣的,比如家庭討論、多人聊天、臨時議事,都是團隊溝通,學習溝通當觸類旁通。

▌面對別人的稱讚,說聲謝謝就好

一般人被稱讚時,大部分會謙虛地回答「還好」,或者直接一笑帶過。其實,與其這樣,還不如坦率地接受對方的讚美,並直接跟對方說聲謝謝。

有時候,如果對方在溝通過程中,稱讚你的某件飾品或某件服飾很漂亮,而你無所謂地說「這只是便宜貨」、「這是假貨」,反而會讓對方很尷尬。為人處世,記得給自己和對方都留個臺階,不要把天聊死。

■ 有欣賞競爭對手的雅量

當你的對手或你不喜歡的人被稱讚時,先不要急著說「他可不是這樣⋯⋯」要知道,就算你不認同對方,也要在表面上說「是啊,他是有優點的」。以此來顯示自己的雅量。

■ 批評也要看關係

忠言未必逆耳。你在批評對方的時候,即便是出於好意,對方也未必會領情,甚至會誤解你的好意,對你產生不好的印象。除非你跟對方有一定的交情,或者對方對你絕對信任熟悉,否則不要在溝通過程中,對對方隨意提出直接的批評。

出錯不是錯,抱怨才是錯
—— 面對一個愛抱怨的人,如何進行有效溝通

> **反暴力溝通箴言**
>
> 在溝通過程中,如果你說錯了話,或者做錯了事,這些都是可以挽回的。唯獨抱怨是不能挽回的,也是唯一錯的事情。

經調查顯示,有將近 90% 的職場人士,每天都會因為各種不同程度的事情發出抱怨。

第四章　如何控制溝通中的暴力事件

其中,大部分人明明知道「抱怨解決不了任何問題」,可是事情一發生,問題一出現,他們還是忍不住「碎碎唸」。

這樣的人,在職場上通常被稱作「職場幽怨族」。

當然,抱怨也是應對問題的一大方式,可在溝通上來看,抱怨確實是下下策。因為抱怨是最無效的溝通方式。

在與人溝通時,當抱怨主語是「你」時,會讓對方潛意識裡覺得你是個喜歡指責別人的人,不管這件事究竟是不是你的錯。

主觀上說,愛抱怨是出於維護自尊的需要,是種自我保護。因為大部分人都是這麼想的:與其我自己深深自責、憂鬱、焦慮,還不如把負面情緒釋放給別人。

因此,人們更傾向於將矛頭指向別人。然而,抱怨在溝通過程中是解決不了任何問題的,還會重複消極的心理暗示,把自己的不良情緒傳遞給別人,讓問題越來越複雜。

抱怨有理,必須有度。在與愛抱怨的人進行溝通時,一定要讓對方認清這一點。

女兒對父親抱怨說自己的生活多麼糟糕,抱怨她每件事都十分艱難。她說,她不知道應該如何面對生活,甚至想要自暴自棄了。有時候,好像一個問題剛解決,另一個問題就又出現,她已厭倦抗爭和奮鬥了。

她的父親是位廚師,父親想了想,把女兒帶到廚房。

他先往三口鍋裡倒了些水,然後把它們放在旺火上燒。不

久，鍋裡的水就沸騰了。父親往第一口鍋裡放了一根紅蘿蔔，第二口鍋裡放了一顆雞蛋，最後一口鍋裡放了碾成粉末的咖啡豆。

父親就靜靜地把它們浸入開水裡煮，一句話也沒有說。

女兒不知道父親的意思，於是不耐煩地在一旁等待著。20分鐘後，父親把火關了，把紅蘿蔔、雞蛋撈出來放在一個碗內，又把咖啡舀到一個杯子裡。

做完這些後，父親轉過身問女兒：「親愛的，妳看見什麼了？」

「紅蘿蔔、雞蛋、咖啡。」女兒如實回答。

父親笑著讓她靠近並用手摸了摸紅蘿蔔，她摸了摸，說道：「它變軟了。」

父親又讓女兒拿起雞蛋並打破它。把殼剝掉後，他們看到的是一顆煮熟的雞蛋。

最後，父女倆一同品嘗了咖啡，感受到了咖啡的濃香，女兒笑了，但還是不解地問：「父親，這意味著什麼？」

父親說道：「這三樣東西，就代表妳遇到的問題和處理的結果。煮沸的開水就是妳現在面臨的逆境，這三樣東西就是妳遇到困境後各不相同的反應。」

紅蘿蔔在下鍋之前是很堅硬的、很結實的，但進入開水之後，它卻變軟了；雞蛋原來是很脆弱的，它只能用薄薄的外殼保護自己液態的內在，但是經過開水一煮，它的內在變得堅硬了；而咖啡粉則很獨特，當它們進入沸水之後，反而改變了沸

第四章　如何控制溝通中的暴力事件

水,成了濃香的咖啡。

「哪個是妳呢?」父親問女兒,「當妳遇到困難時,妳會做出怎樣的反應呢?是紅蘿蔔,是雞蛋,還是咖啡?」

在這個世界上,並不是所有的人都能成為規則的制定者,當然,我們也不可能找到一個盡善盡美的工作。在面對問題的時候,強硬地對抗或一味委曲求全都不是最好的處理方式。與其抱怨,倒不如調整心態,仔細冷靜思考,到底要如何跟對方溝通。

就像我之前說的,職場是抱怨之音最多的場所。

美國加州大學有項研究顯示:「從上到下傳遞的資訊,最終只有兩成左右可以被正確傳達;而從下到上傳達的資訊,能正確傳達的不超過一成。」

導致這種「溝通的位差效應」的原因有很多,包括社會地位、知識水準、年齡差異等各方面的差距。所以,如何與上級進行有效地溝通也是一門藝術。

如果你想透過抱怨的方式跟你的領導溝通,他只會覺得你這個人不適合在職場生存,覺得是你有問題,覺得你承受不住壓力,擔當不了大事。

所以,在溝通之前,了解領導的行事風格很重要。

不同的人有不同的性格,不同的領導也有不同的風格。有些主管獨斷專行,有些主管優柔寡斷,有些主管深謀遠慮,有

出錯不是錯，抱怨才是錯
——面對一個愛抱怨的人，如何進行有效溝通

些主管則只在乎眼前利益。

了解主管的辦事風格，才有利於克服位差，讓自己的觀點跟主管的觀點同步，如此一來，才能夠讓溝通效果最大化。

在跟主管溝通的時候，一定要避免直接否定，更要避免抱怨。不管你受到的批評合理與否，如果你透過抱怨和直接頂撞與之溝通，最容易讓對話迅速終止，還會讓你跟主管的關係直接惡化。所以，溝通方式最好是迂迴的。

在溝通過程中，不要把工作中的矛盾私人化，要心平氣和用共商解決的態度解決問題，不要把爭論的焦點上升到賭氣、謾罵、侮辱上，這樣會脫離理性解決的範疇。一定要就事論事，切忌散播對上司的不滿。

同時，我們在與人溝通的時候，該說話時一定不要「藏著掖著」，更不要說一些對方聽不懂的語言。如果你一直在自己的世界裡與人溝通，一定不會有效果。

有一個秀才家中沒柴了，於是前往集市上買柴。秀才走到賣柴人附近，搖頭晃腦、大搖大擺地說：「荷薪者過來。」

賣柴人聽不懂「荷薪者」（擔柴的人）三個字，但是知道秀才讓自己「過來」，於是挑著柴禾，三兩步把柴擔到秀才前面。秀才問他：「其價如何？」賣柴的人也聽不太懂這句話，但是聽到秀才話中有「價」這個字，於是就告訴秀才自己的柴價錢是多少。

第四章　如何控制溝通中的暴力事件

秀才想了想，接著說：「外實而內虛，煙多而焰少，請損之。（你的木柴外表是乾的，裡頭卻是溼的，燃燒起來，會濃煙多而火焰小，請減些價錢吧。）」

這下子，賣柴的人可是一點都聽不懂了。由於聽不懂秀才的話，於是賣柴的人擔著柴走了。

隨著現代社會的日趨開放和多元化，溝通與理解已經成為人們必不可少的一種素養與能力。因為我們無論從事何種職業，處於何種職位，都離不開與他人的交流與溝通，也就是說，都避免不了與人打交道。

與人溝通，得到理解與認可，既可促進同事關係和諧發展，也能給自己一個進步的機會。一個招呼、一個微笑，雖然是最簡單的溝通，但絕對不會導致抱怨和爭執。

事物的一切結果都不是無緣無故產生的，任何人做任何事情，都有他自身及外在的原因和理由。人們之所以有時會給予某個人批評與指責，往往就是因為沒有弄清產生結果的原因，也就是缺少了溝通與理解。

某權威機構的調查結果顯示，在職場中產生抱怨，大多是因為溝通不暢、理解不夠引起。如果一個團隊沒有形成良好的溝通氛圍，那就很容易引發抱怨和爭執，甚至導致誤解，造成隔閡，繼而影響整個工作大局。

溝通是影響一個人職業生涯的重大問題。如果無法認識溝

> 出錯不是錯，抱怨才是錯
> ——面對一個愛抱怨的人，如何進行有效溝通

通的重要性，就無法積極主動地與同事開展合作事項，甚至會讓同事之間的關係異常緊張，給工作方面帶來被動。

假如忽視與主管的溝通，一味對主管抱怨，就得不到主管的理解與支持，也容易讓自己失去升遷、加薪的機會。

如果你不能跟客戶很好地溝通，就會嚴重影響自己的業績，還會影響到自己在業務方面的拓展，甚至會讓公司的整體業績下滑。

具有良好溝通能力的員工，不但可以正確地理解對方意圖，還能讓對方及時了解自己的思路和觀點。與一味抱怨的員工不同，溝通力良好的員工，最終一定會圓滿完成公司部署的工作任務。

特別是一些做業務的員工，他們在生活中頻繁與人溝通，頻繁與人打交道，這幾乎成為他們別具一格的生活方式。要知道，溝通是增進了解、加深情誼的管道，而不是發洩情緒、傾訴抱怨的手段。

如果這些業務人員把溝通演變成抱怨與爭執，那就絕對不會發展到客戶，甚至連自己的工作也會不保，畢竟每個人都不願意聽到抱怨與爭執的聲音。

在工作和生活中，你可能會經常遇到這樣的事情：你的一位同事或朋友對另一個人心存怨氣，於是跑來跟你抱怨，而不是直接找與他發生問題的那個人溝通。

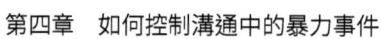

第四章　如何控制溝通中的暴力事件

　　如果你恰好是公司的一個主管,或是某個部門經理,在遇到這種問題時,你選擇介入就只有兩種結果:你苦口婆心地勸誡這個來告狀的同事,或者去找另一個同事問罪。

　　從小的方面來看,你確實暫時緩解了眼前的問題,但從長遠看,你卻沒有教給他們正確的方法。他們沒有認識到溝通的積極意義,下次出現問題,他們照樣會透過抱怨來解決問題。

　　其實,溝通與理解才是化解抱怨與爭執的主人!因此,健康的溝通是維繫人際關係的有力武器。

第五章
實踐反暴力溝通的方法

第五章　實踐反暴力溝通的方法

「對，你說的我聽懂了！」
—— 傾聽，並及時回饋

> **反暴力溝通箴言**
>
> 　　在溝通過程中，耳朵的作用要比嘴巴大。想要保證溝通的順利進行，首先要學會傾聽，在認真傾聽之後，還要及時進行回饋。

　　在前面的章節中，我們介紹了傾聽在溝通中的重要作用，作為反暴力溝通的重要原則，傾聽在相當程度上影響著溝通的效果。從表面意義上來說，傾聽看上去只需要我們用耳朵去聽，用大腦去思考。但在反暴力溝通之中，傾聽則還需要使用到嘴巴，因為在傾聽之後，我們需要及時向對方進行回饋。

　　中國著名主持人董卿主持了很多年的節目，有一檔節目叫「青年歌手電視大獎賽」，其中讓人印象最深的一次，是一位來自藏族的歌手在上臺演唱完之後就開始參與了綜合知識的問答。當他看到題板時，滿臉都是茫然的神色，董卿當即意識到，這位藏族同胞聽不懂普通話。於是，她便請現場評委藏族歌手宗庸卓瑪老師進行翻譯。

　　這位歌手抽到的題目是成語接龍。當然，宗庸卓瑪盡力為這位歌手翻譯題目，但是用藏語講成語實在是很困難，宗庸卓

瑪竭盡全力地翻譯，但最後這位藏族歌手還是一臉茫然。

當時，評委以及全場觀眾都安靜下來，大家都在等待，等待這位藏族歌手可以聽懂，等待他走上臺答題。然而，讓人感到遺憾的是他並沒有回答出來。

正當這位藏族歌手頗為尷尬之際，董卿舉起了話筒，說出了這樣一番話：「其實他聽不懂我們的話正如我們聽不懂他唱的藏歌一樣，但是他今天為我們帶來的是中國海拔最高地區的歌聲，歌聲裡他的感情我們聽得懂，他唱出了打動人心靈的歌聲！其實，此刻他聽不懂我們在說什麼，來到這座城市時他感到的是一種陌生，我們該給這樣質樸的歌手更多的關懷，即使聽不懂，但是歌聲沒有界限，情感沒有界限，相信我們的關懷他一定聽得懂！」

話音剛落，全場掌聲雷動。

當然，這位藏族歌手最後的綜合素養得分是空白的，但這位憨厚的藏族青年，依舊彬彬有禮地微笑著，為大家深深地鞠了一躬，董卿仔細傾聽的樣子也深深印在觀眾心中。

傾聽作為反暴力溝通的重要原則，其重要性已經在前面有所敘述。在這一小節之中，主要針對傾聽之後的回饋進行敘述，在反暴力溝通過程中，不僅傾聽很重要，傾聽之後的回饋也同樣重要。

國際傾聽協會對傾聽的定義是接受口頭及非語言資訊、確定其含義並對此做出反應的過程。傾聽是一個多重溝通的過

第五章　實踐反暴力溝通的方法

程，而所謂回饋則是資訊接收者向資訊發出者做出回應的行為。有效的回饋可以說是傾聽過程中的重要環節，沒有回饋的傾聽環節是不完整的。

在傾聽的同時，我們需要使用微笑、點頭或者是提問的方式來進行回饋，這樣對方就能夠知道我們是否理解了他所敘述的資訊，對他所講述的話題是否感興趣，是否願意繼續聽下去。根據我們的回饋，對方便可以在訴說時進行相應的調整，從而使得溝通過程更加順暢、高效。

一般來說，在溝通過程中的回饋主要可以分為幾種不同的方式：

情緒回饋

這種回饋方式主要是著重於回饋對方所表現出來的情緒和感受。當對方進行表達時，我們可以推測和總結出對方在敘述過程中的情緒和感受，然後根據對方的情緒感受進行合理地回饋。

含義回饋

這種回饋主要著重於對方表達出來的事件中蘊含的觀念，要注意是觀念，而不是內容。這種回饋方式要求我們推測對方的觀念和價值觀，然後根據這一點使用恰當的方式進行回饋。

「對,你說的我聽懂了!」
——傾聽,並及時回饋

內容回饋

相對來說,這種回饋方式最為簡單,我們只要根據對方所表達的內容,總結出對方所給的具體資訊。然後用恰當的方式進行回饋,回饋的重點主要是對方敘述的具體事件和具體資訊。這與含義回饋也是有所不同的。

適當的回饋不僅可以幫助說話者了解對方傾聽的效果和對資訊的掌握情況,同時還可以幫助對方整理自己的思路。傾聽的人在傾聽過程中必須要遵守回饋原則,這樣才能夠達到人際和諧。真正有效的回饋必須要讓對方全面準確地理解和接受,同時還不能隨意打斷對方的敘述,這就要求我們在傾聽過程中遵循兩點要求:一是不要猜測對方在後面要說什麼;二是不要在對方說話之前發表自己的意見。

如果對方還沒有完全表達完自己的意思,我們就用「我知道了」、「我明白了」這類話語進行回饋就顯得很不禮貌。這就像是在說「好了,你別再說了,別再囉唆了」一樣。如果我們在中途打斷對方的話語就很容易擾亂對方的思路,嚴重一點還會引起對方的不滿,使得溝通過程中斷,無法繼續下去。

適當的回饋是對方表達完自己的一段意思之後,我們針對這段話語給予一定的回饋。當對方陳述了自己的一個觀點之後,我們用「對,你說的我聽懂了」進行回饋,對方就會在接收到這個資訊之後,繼續敘述自己的其他觀點。如果我們用「等一

197

第五章　實踐反暴力溝通的方法

下，我還有一點不理解的地方」來進行回饋，對方就會停下來為我們細細講解自己的觀點，直到我們弄懂之後才開始接下來的敘述。

上面提到的是簡單的回饋模式，實際上，回饋作為溝通過程中的一個重要環節，其重要性也是不言而喻的。因此，掌握更多的回饋技巧是進行反暴力溝通的基礎，也是進行反暴力溝通的重要方法。下面有幾種回饋技巧可以幫助我們更好地進行溝通：

回饋要抓準時機

如果臺上的人講話到高潮時，臺下報以熱烈的掌聲，這就是一種適時的回饋。而如果臺上的人講話出現了失誤，臺下卻響起了掌聲，這就是一種不合時宜的回饋。在溝通過程中也一樣，回饋的目的是為了表示自己一直在傾聽，希望對方繼續講下去，或者對前面的觀點進行詳細解釋，所以抓準時機就是非常重要的。在這裡，不打斷對方進行觀點敘述是適時回饋的一個重要前提。

回饋要拿捏合適的分寸

過於頻繁的回饋會打斷對方的說話節奏，過少的回饋則會讓敘述者感到失望和洩氣。在適時回饋的基礎上進行適度回饋是一個重要的回饋技巧。如果對方正在熱情洋溢地表述自己的一段經歷，我們不斷提出自己的問題，就會打斷對方的敘述熱情。而如果面對對方熱情洋溢的發言，我們只是三言兩語地進

行敷衍式回饋，就會讓對方感覺到自己受到了冷遇，也會失去繼續敘述的熱情。

不用評判式回饋和診斷式回饋

評判式回饋是指對自己聽到的訊息進行評價和判斷，這裡主要是指進行一些負面的評價和判斷。而診斷式回饋則是指對他人說話的原因進行猜測，隨後用一種肯定的語氣表達出來，這種猜測往往是自以為是的主觀猜測。

評判式回饋大多是在並沒有全面了解情況的時候就給別人亂貼標籤，而診斷式回饋則多是以先入為主的主觀意志判定對方的想法。這兩種回饋方式都是錯誤的回饋方式，都會對溝通造成嚴重的影響。

避免質問式回饋

質問式回饋是對對方的話語抽絲剝繭，對其中可能存在的問題窮追不捨，同時用一種質問的口氣提出自己的回饋。在質問式回饋之中，回饋者所表達出來的更多是質疑和否定，這樣會讓表達者感覺到自己受到了輕視。因此很容易引發溝通雙方的爭執和「口水戰」，從而使得溝通的真正主題被忽視。

尊重對方是回饋的基礎

在進行傾聽時，我們需要充分尊重對方，同時也要尊重對方的觀點，無論對錯，對方有敘述自己觀點的權利。在進行回

第五章　實踐反暴力溝通的方法

饋時，我們需要在弄清對方所表達的意思之後，再去採取客觀理性的方式進行回饋，盡量不讓對方產生不良的情緒。

在反暴力溝通中，傾聽是一項重要原則，而傾聽之後進行合理回饋則是反暴力溝通的重要方法。傾聽和回饋要結合到一起，溝通才能有效地進行。看上去兩者並不好融合，但實際上，掌握各自的方法就能夠將兩者很好地融為一體。

傾聽的時候要注意保持沉默，這並不是說讓我們不去進行回饋。傾聽時的沉默是為了在進行回饋之前為自己留出更多的思考空間。認真傾聽，仔細思考對方的觀點，然後在適當的時機進行合理回饋，這樣才能讓溝通朝著正確的方向發展，才能讓溝通更加高效地進行。

「你說得對，我們應該這樣去做！」
── 換個角度，替對方說句話

> **反暴力溝通箴言**
>
> 　　想要實現反暴力溝通，相比於換位思考，傾聽算是一個被動的舉措。換位思考要求我們在溝通過程中多多站在對方的角度去思考問題，多考慮對方的觀點，多認可對方的觀點。

> 「你說得對,我們應該這樣去做!」
> ——換個角度,替對方說句話

當一個人長時間在一種工作環境中待久了,就容易形成固定的思維模式,他的眼光和思維方式就很容易局限在自己經常接觸的認知之中。

大多數人都會從自己的認知角度去思考問題,從而建構起自己的思維框架。但很多時候,這種思維框架更像是一個牢籠,將他們困在其中,以至於在思考問題的時候,他們往往沒有辦法跳出這個牢籠之外。

這種現象在溝通過程中也是十分常見的。

在溝通過程中,大多數人都習慣站在自己的框架之中去理解問題,這些人會將他人的觀點置入自己的思維框架之中,這樣形成的見解就是從自己的角度出發,而並不是從說話者的角度出發。這樣就容易產生意見的分歧,導致正常溝通受到阻礙。

在「馬歇爾計畫」剛剛開始制定的時候,幾乎所有的美國人都會支持這個第二次世界大戰以後,能促進歐洲快速復興的計畫。但是,馬歇爾本人卻對這項計畫很擔心,因為國會對資金問題向來是錙銖必較的,他擔心國會能否同意拿出那麼多錢來支援歐洲。

某天,馬歇爾接到了國會通知,國會的撥款委員會將舉行一場聽證會,邀請馬歇爾參加,來共同研討這份歐洲重建計畫。

為了讓「馬歇爾計畫」能夠順利被國會撥款委員會批准,國務院專門派來了兩位專家,與馬歇爾一起研究了一個通宵,又加班一個整天。兩位專家起草了一份關於「馬歇爾計畫」的發言稿。

第五章　實踐反暴力溝通的方法

　　他們收集了全部事實，還提出了一切必要的需求，同時列舉了大量令人信服的理由，還在這份發言稿裡配以大量權威性的具體細節作為論據。兩位專家起草的發言稿，說明「馬歇爾計畫」能讓歐洲免於浩劫，同時又對美國有利的全部道理，因此，二人興沖沖地帶著發言稿來到馬歇爾處，並把自己精心準備的發言稿交給了他。

　　馬歇爾看了一遍，半晌都沉默不語，最後，他往椅背上一靠，說道：「我還是決定不用這個稿子了。」

　　兩位專家大吃一驚，以為自己的稿子不符合馬歇爾的要求。

　　馬歇爾似乎看透了他們的心思，澄清道：「二位別誤會，發言稿我看了一遍，寫得確實很好。但是你們二位想想，聽證會想要聽的是什麼？他們想要聽的，是我馬歇爾將軍對這個計畫的看法，而不是你們兩位專家的看法。如果我去那裡只是讀這篇發言稿，他們就會明白這是國會專家寫的。雖然大家都以為我會先發表一篇宣告，但我看，我還是不帶發言稿去更好。我就說『先生們，你們要我出席聽證會，現在我準備回答你們的問題』。於是他們就向我提問，不管到時他們提出什麼樣的問題，我都能答對。因為我會用心閱讀這篇發言稿，這樣才好用你們準備的各種理由，去回答他們的問題，讓他們滿意也讓他們信服。因為委員會真正想知道的，是我本人是否了解這個計畫。」

　　後來，事實的確證明了馬歇爾的溝通方式是正確的，而這項計畫也終於獲得撥款委員會的支持，從而也就有了「財神爺」的保證。

「你說得對，我們應該這樣去做！」
—— 換個角度，替對方說句話

我們先來分析一下這個故事想要表現的主題。馬歇爾的擔心不無道理，因為他懂得換位思考，站在國會的角度來看，他們確實是想聽聽馬歇爾的真知灼見，而不是一篇書面化的、形而上學的演講稿。

很顯然，國務院的兩位專家因為與馬歇爾的責任完全不同，所以其考慮問題的立場也是不同的。所處的境遇不同，是很難對同一件事產生相同的感受。

有些盲人在走夜路的時候喜歡拿著手電筒，不知道原因的人會覺得這個盲人有些奇怪，了解其中原因的人則會被盲人的做法所感動。盲人自己看不見，並不需要手電筒照亮，但實際上他用手電筒照亮卻並不是為了看清道路，更多是為了讓別人看到自己。在為別人照亮的同時，也保護了自己的安全。

正因如此，我們才應該經常去換位思考，將自己放置到對方所處的立場上去，去思考對方的心理活動，從而展開下一步的行動。在溝通過程中，當對方談論到一個話題之後，我們應該盡量站在對方的角度去思考這個話題，而不是完全從自己的思維角度出發去思考。

比如說，當對方心情沮喪地和你談到自己的爺爺在前天去世了，這時候，你應該站在對方的角度去考慮怎麼進行回答，而不是從你自身的角度去看待這個問題。正常來說，站在對方的角度我們應該考慮到對方的悲傷情緒，用「節哀」等語句安撫

第五章　實踐反暴力溝通的方法

對方受傷的心靈,而不是說「我從小就沒見過爺爺,你比我強多了」這樣的話。

懂得換位思考的人,往往能夠更加容易得到對方的信任,當我們真心實意地站在對方的立場上為對方考慮問題的時候,對方也就更容易接受我們。在反暴力溝通中,換位思考是一個至關重要的方法,對於各種情境下的溝通,都能夠起到極好的效果。

正如前面所說,由於每個人都長時間被「禁錮」在自己的思維框架之中,想要一下子學會換位思考並不是容易的。一般來說,在溝通過程中,我們可以把溝通過程分為幾個不同的過程,換位思考正是在這些過程中逐漸形成的。

▎把自己當成自己的階段

在這個階段,我們的思維方式主要以自我為主,具體表現為強烈的自我本位思想。無論對方提出什麼樣的話題,在這一階段,我們都會以自己的看法、自己的理解和自己的感受出發,一切以自己為中心。這種思維階段並不利於溝通過程的順利展開,處於這種思維階段的人,也很難融入別人的交際圈之中。

▎把自己當成別人的階段

在這個階段,我們開始能夠從較為公平的角度去看待自己、審視自己,只有否定了上一階段,才能夠進入這一階段之中。

「你說得對，我們應該這樣去做！」
——換個角度，替對方說句話

在這一階段，我們會逐漸拋棄自我為中心，開始審視自己的行為和問題。在溝通過程中，這種思維方式更多表現為發現自己的問題，雖然擺脫了完全以自我為中心的思考方式，但還沒有進入關注對方話題的階段。

把別人當成自己的階段

這一階段是上一階段的更新，我們開始更多地關注對方，在思考問題時，能夠將心比心，更多地站在對方的角度去思考。我們也可以將這一階段稱為換位思考階段。在溝通過程中，站在對方的立場上思考問題，從對方的角度去理解對方的觀點，在認可對方觀點的基礎上，提出對方感興趣的話題，將溝通繼續延續下去。

把別人當成別人的階段

想要達到這一階段，同樣要經過上一階段，所以在把別人當成別人以前，我們就已經做到了把別人當成自己，也就是做到了換位思考。這個階段強調更多的是互相尊重、互相理解，溝通雙方都不將自己的個人觀點強加在對方身上。溝通是心平氣和的溝通，而並不是一場要爭得你死我活的辯論戰，非暴力是高品質溝通的重要標準。

在職場之中，年輕人往往會因為個性張揚而以自我為中心。許多年輕人剛剛進入職場的時候，學校中的自由個性還沒有完全褪去，在職場環境中更習慣按照自己的個性來做事，也喜歡

205

第五章　實踐反暴力溝通的方法

用自己的好惡來評價別人。有個性沒有錯，但不同的環境中要遵守不同的規則，過於以自我為中心不僅不利於自身的發展，同時也會影響到其他人的工作。

B君在大學期間是個嘻哈少年，唱歌、跳舞樣樣精通，還組建了自己的樂隊。即使畢業後進入了公司，B君依然保持著這種個性。由於父母的關係，B君進入了當地報社，成為一名實習編輯。

這家報社大多是老編輯，B君這個年紀的只有他自己。在這裡，B君絲毫不懂得收斂自己的個性，奇裝異服算是客氣的，上班時間看綜藝節目也都是小事，B君特別喜歡拿那些老編輯開玩笑。在電話中，跟朋友講講這個，講講那個，弄得整個辦公室都不得安寧。

雖然B君有著父母的關係，最終也被報社的主管用委婉的理由開除了。丟了工作不說，還丟了父母的面子。

B君就是因為過分自我，不懂得從別人的角度去考慮問題，開展正確的行動，最終自吞了苦果。像B君這樣的年輕人並不在少數，他們並不是不熟悉社會的規則，更多的只是不懂得換位思考，不懂得站在別人的立場和角度去看待問題。在溝通過程中，用自己的行為準則去衡量別人的喜好，很容易引起別人的不適，從而使溝通無法繼續進行下去。

「橫看成嶺側成峰，遠近高低各不同。」從不同的角度去看待廬山，廬山就會呈現出不同的樣子。其實，不只是廬山，每

「你說得對，我們應該這樣去做！」
——換個角度，替對方說句話

一個事物、每一個話題，從不同的角度去看都能夠得到不一樣的結論。不同的人對待同一個話題，也會有不同的看法，這就要求我們在溝通的過程中學會換位思考。

戴爾·卡內基曾經說過，人與人之間能否成功相處，更多的依賴於我們能不能以同情的心理去體諒和接受他人的觀點。以同理心站在對方的角度去看待問題，體會他人的想法，就是溝通過程中的換位思考。站在對方的角度上思考問題，是對對方的尊重和理解，這樣也容易讓對方對我們產生好感，從而互相理解，做出相應的回應。

在反暴力溝通中，換位思考是一種十分重要的方法，幾乎在所有溝通情境中都會用到換位思考。換位思考的關鍵是要找準對方的立場，從對方的思維角度去思考溝通中出現的問題，而不是僅僅從自己的角度去看問題。在此基礎上，再選擇使用對方能夠接受的表達，這樣溝通才能順利地進行下去。

換位思考是達成共識的助推器，也是消除矛盾的潤滑油。它是人與人交往之中達成理解必不可少的心理機制，也是最能貼近雙方心靈的溝通方式。一句「你說得對」或者是「我們應該按你說的做」就能夠讓溝通如細水般長流下去。

第五章　實踐反暴力溝通的方法

只要能把話說清楚，讓對方一步也無妨
── 給別人一個解釋的餘地

> **反暴力溝通箴言**
>
> 　　溝通並不是一場辯論賽，不用分出輸贏，只要雙方能夠把想說的話說出來，把想表達的意思表達出來，溝通的目的也就達到了。所以在溝通過程中，我們不必去追求領先，也不必追求優勝，只要能夠促進溝通順利進行，讓對方占據主動也無妨。

　　無論是在日常的溝通活動中，還是在職場環境的溝通中，人們總是搞不清楚溝通的真正目的，這也是大多數溝通趨向暴力、走向失敗的一個重要原因。溝通不是對抗賽，不是為了打敗別人。溝通的真正目的是讓對方理解我們的觀點和想法，同時我們也能夠理解他人的觀點和想法。

　　反暴力溝通注重溝通過程中的體驗，使用反暴力溝通的方法可以讓溝通雙方在一種舒適的環境之中完成整個溝通過程，達到溝通的目的。在反暴力溝通方法中，前面的小節中我們提到了傾聽回饋和換位思考，在這一小節之中，我們要介紹的方法是適時退讓。

　　適時退讓這一溝通方法並不能完全從字面意義去理解，其

只要能把話說清楚，讓對方一步也無妨
——給別人一個解釋的餘地

在溝通過程中，主要表現為為了達成順利溝通的目的，給予對方更多的空間進行表達，讓對方能夠更好地解釋自己的想法和觀點。滿足對方的表達欲望，而不要過分去突顯自己，只要能夠把溝通的話題表達清楚，讓對方多說一點也無妨。

L女士和丈夫已經結婚三年，雖然還沒有要孩子，L女士卻已經感覺到了生活的不堪重負。這種負擔不僅來自雙方家庭的壓力，同時也有自己丈夫的問題。L女士的丈夫在大企業上班，工作輕鬆，待遇豐厚，空閒時間多得不得了。

雖然L女士知道丈夫是個遊戲迷，在結婚之前也做好了心理準備，但這三年來丈夫一有空閒就扎到電腦旁邊，除了玩遊戲就是玩遊戲，一點也不管別的事情。L女士早就已經忍無可忍，她決定和丈夫好好探討一下這個問題。

L女士找到了一個合適的時機，和丈夫認真談論了這個問題。L女士知道丈夫的脾氣，所以並沒有一下子要求丈夫杜絕玩遊戲的念頭。而是僅僅讓丈夫每天縮小一個小時的遊戲時間來幫助自己整理家務。丈夫很輕鬆便答應了L女士的要求，果真每天縮短了一個小時的遊戲時間。

此後L女士又與丈夫進行了幾次溝通，最終將丈夫的遊戲時間降到了每天一個小時之內。

L女士與丈夫之間的問題是年輕夫妻間經常遇到的問題，作為妻子工作了一整天之後，還要回到家裡做飯、整理家務，而丈夫要麼坐在電腦前玩遊戲，要麼躺在沙發上看電視，絲毫不

第五章　實踐反暴力溝通的方法

去理會忙碌的妻子。這種不正常的景象已經成為一種司空見慣的現象，多數家庭在解決這個問題的過程中都會遇到不小的困難，從溝通對談開始，逐漸演變成為暴力指責，問題非但沒有解決，還滋生出了更大的家庭矛盾。

L女士解決這類問題的方法就很具有借鑑意義。忙碌了一天的妻子回到家中，看到丈夫正坐在電腦前打遊戲，衣服扔得滿屋都是，廚房的水槽裡擺放著剛剛吃過的泡麵碗，稍有脾氣的人都會感到氣憤不已，但L女士卻並沒有讓憤怒掩蓋了自己的理智，不僅因為她是一個溫柔善良的人，更重要的是她懂得用非暴力的溝通方法來化解這個問題。

丈夫每天的工作雖然輕鬆，但所承受的壓力也是非常大的，L女士首先站在丈夫的角度去思考了一下現在的問題，決定透過一步步的溝通來達成自己的目的。為了讓第一次溝通能夠順利，L女士僅僅縮短了丈夫一個小時的遊戲時間，當然在L女士陳述完自己的困擾之後，丈夫也意識到了自己的問題，所以一個小時的遊戲時間是可以接受的。如果L女士一下子要求丈夫戒掉遊戲，那這次溝通可能就會化為泡影，甚至會演變成一場暴力的衝突了。

此後，L女士又和丈夫進行了幾次溝通，在陳述了自己的苦惱和困擾之後，同樣提出了讓丈夫縮短一定遊戲時間的要求，雖然L女士仍然需要承擔整理家務的責任，但至少能夠讓丈夫減少一些浪費在遊戲中的時間。為了保證這幾次溝通的成功，L

只要能把話說清楚，讓對方一步也無妨
——給別人一個解釋的餘地

女士都沒有直截了當地提出自己的最終目的，而是給予丈夫更多的空間。

其實 L 女士十分反對丈夫沉迷在遊戲中，丈夫在遊戲中的一分一秒都讓她感到是在浪費生命。她的目的是讓丈夫徹底戒掉遊戲，多陪陪自己，減少一些自己的壓力，但直到最後她也沒有提出讓丈夫徹底戒掉遊戲的要求，而是讓丈夫保留了一個小時的遊戲時間，這可以說是一個策略，也可以說是她站在丈夫角度去考慮的一個結果。

在溝通過程中，如果過於咄咄逼人，想要讓對方完全接受我們的觀點，是一件並不容易的事情，如果沒有掌握好尺度和方法，很容易讓溝通演化為一種爭吵，更嚴重的還會轉化為某些暴力行為。這是溝通的最壞結果，也是每個人都不想要遇到的結果。想要避免這種結果的發生，就需要在溝通過程中適時退讓，給予對方一定的解釋空間。

在 L 女士與丈夫的幾次溝通中，L 女士陳述完自己的觀點後，丈夫也相應提出了自己的觀點。正如 L 女士想的一樣，丈夫在工作中也面對著很大的壓力，玩遊戲則是丈夫釋放壓力的一種方式。在 L 女士看來，雖然在自己的角度來看，遊戲越玩越累，根本沒有辦法釋放壓力，但在丈夫或其他人的角度來看，遊戲似乎可能真的是一個能夠逃避現實世界的窗口。在考慮了丈夫的想法之後，L 女士決定退讓一步，為丈夫留出一個小時的遊戲時間。

211

第五章　實踐反暴力溝通的方法

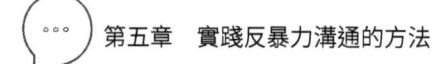

在溝通過程中，想要達成溝通目的並不容易，這裡有四個達成溝通的小細節和小技巧，在不同的溝通情境中應用會產生意想不到的效果。

▍強調共同的目標

正如上面L女士和丈夫的故事一樣，L女士在整個溝通過程中所強調的都是「將日子過好」這一她和丈夫的共同目標。在這一基本觀點之上，L女士進一步提出了讓丈夫縮短遊戲時間的要求，既然共同目標是一樣的，丈夫自然沒有辦法去拒絕妻子的這一要求。

▍表達自己的內心感受

L女士在溝通過程中，在提出共同目標之後，深刻談論了丈夫沉迷遊戲之中為自己帶來的切身感受。來自父母的壓力，來自職場的壓力，來自丈夫的壓力，L女士都一一向丈夫表達了出來，試問面對這樣的妻子，哪個丈夫還有理由拒絕妻子的提議呢？

▍循序漸進地完成目標

溝通目標的達成是困難的，想要一口氣達成更是困難百倍，所以循序漸進是最好的方法。L女士正是採用了這種方法，才保證了每一次溝通的順利進行。正是一次次小溝通的成功，才讓L女士逐漸接近自己的最終溝通目標。

只要能把話說清楚，讓對方一步也無妨
——給別人一個解釋的餘地

■ 適時退讓，為對方留點空間

如果一方想要 100% 實現溝通目標，而這 100% 之中有 1% 的目標是對方無論如何也不會接受的，那這個溝通目標要如何實現呢？大多數溝通失敗的人會想盡辦法達成那最後 1% 的目標，而溝通成功的人會選擇放棄那 1% 的目標，而全力實現剩下 99% 的目標。很多時候，讓對方一步達成溝通的最終條件，如果過分執著於讓對方放棄那 1% 的堅持，就很容易丟掉自己已經到手的 99% 成功，最終讓溝通的結果變成 0。

誰說 99% 不是「完美」呢？

■ 給別人一個解釋的機會

想要達成有效溝通，在表達的時候不要咄咄逼人，給別人一個解釋的機會。我們的目的是讓溝通達成預期的效果，而並不是為了讓對方無話可說。只要能夠達成溝通的目的，即使讓對方把握話語權也並沒有什麼不可以的。

在反暴力溝通之中，讓對方多表達自己的觀點往往能夠更有利於達成溝通效果。不給對方空間，牢牢將話語權掌控在自己手中的做法，很多時候，會對溝通產生不好的影響。同時，還可能使得原本可以順利進行的溝通，逐漸向暴力溝通方向轉變。

第五章　實踐反暴力溝通的方法

「我覺得你說得有道理，你再進一步講講！」
—— 順水推舟，把話題扔給對方

> **反暴力溝通箴言**
>
> 　　溝通的連貫性影響著溝通的品質和結果。想要讓溝通過程連貫順暢，保持話題的持續連貫是十分重要的。在溝通過程中，延續話題需要掌握一定的技巧，其中，將話題拋給對方，讓對方繼續論述，自己則作為話題的承接者是一種十分有效的方法。

「我覺得你說得沒錯，具體來說要怎麼做呢？」如果在溝通過程中聽到了這樣的表述，不要盲目以為對方是一個「無知的小白」因為沒有理解你的高深想法而向你發出了提問。很多時候，對方只是為了讓溝通繼續延續下去，引發出新的話題才提出了這樣的問題。對於這一點，在溝通過程中是必須要加以注意的。

溝通是兩個人的事，與相聲一樣，卻又不完全一樣。相聲有單口相聲，溝通可沒有一個人的溝通，對著空氣溝通只能算作是自言自語。說溝通和相聲一樣，是因為溝通和相聲一樣都需要分配好各自要扮演的角色。

在相聲表演中，兩個人之中有負責捧哏的，有負責逗哏的，只有在明確了分工之後，才能開始說相聲。大多數時候，相聲表

> 「我覺得你說得有道理，你再進一步講講！」
> ——順水推舟，把話題扔給對方

演的角色分配都是提前安排好的，捧的要提前準備捧的工作，逗的則要提前做好逗的準備。負責捧哏的在表演的時候不能搶了逗哏的臺詞，負責逗哏的在表演中也不能不讓捧哏的說話。

在這方面，溝通與相聲還存在著一些小的區別。溝通中的兩個人也需要互為「捧逗」，這樣才能夠保證話題延續下去，但在溝通之前，並沒有人來規定誰是捧哏，誰是逗哏，這就增加了溝通的難度。沒有提前分配角色，這不是要讓雙方「搶戲」嗎？在溝通過程中，如果出現「搶戲」現象，那這場戲也就沒有辦法演下去了。

事實上，想要取得好的溝通效果，溝通雙方需要隨時變換「捧逗」的身分，既不能一個人捧到底，也不能一個人逗到底，當然更不能兩個人都去捧，或是兩個人都去逗。在溝通過程中，如果雙方不分配好「捧和逗」的角色，就容易出現把天聊死的局面。

H君被父母安排去與一位女孩相親，H君已經不知道自己相了多少次親，每一次都是見完面就不再聯絡，他希望這一次能夠取得一個好的結果。當H君到達相親地點後，女孩已經在座位上坐好了，H君落座之後與女孩開始了對話。

H君：「妳是哪裡人？」

女孩：「我是高雄人。」

H君：「好巧，我也是南部的，臺南。」

第五章　實踐反暴力溝通的方法

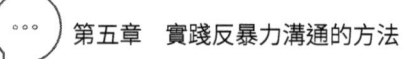

女孩:「你真幽默。」

H君:「這有什麼幽默的。」

聽到H君的話,女孩陷入了沉默之中。看到女孩沉默,H君繼續開始發問。

H君:「妳是做什麼的?」

女孩:「我在XX國小教書,你呢?」

H君:「哦,我在法院工作。」

女孩:「在法院工作啊,那一定很有趣吧,你能跟我講講嗎?」

H君:「這份工作其實滿無聊的,沒有什麼有趣的事。」

談話又一次陷入沉默之中,看到H君不說話,女孩主動提出了問題。

女孩:「聽說臺南人都喜歡吃甜的食物是吧?」

H君:「鹹的也吃,什麼口味都有人吃。」

聽完H君的回答,女孩也不再向下追問,H君的又一次相親就在沉默中走向了尾聲。

從這個事例中我們不僅能夠看出H君這一次相親失敗的原因,似乎前幾次相親失敗的原因也可以被推敲出來。我們現在來分析一下這次相親出現三次沉默,試著找出H君相親失敗的原因,而後再來探討如何在溝通中把話題拋給對方。

第一次沉默是在雙方介紹家鄉,女孩在說H君幽默的時候。面對女孩客氣的誇讚,H君來了一句「這有什麼幽默的」作

> 「我覺得你說得有道理，你再進一步講講！」
> ——順水推舟，把話題扔給對方

回應，從而導致雙方的溝通陷入了沉默之中。這是溝通過程中的典型場景，但顯然H君在處理上存在著很大的問題。

面對對方客氣的誇讚，即使自己覺得有些過譽，只要客氣地回應「謝謝」、「哪有」就好了，然後便可以順勢引出下一個話題。事實上，女孩在H君說完自己是臺南人之後，所說的「你真幽默」也只是一句承接的話，就好像前面我們提到的「捧」一樣。

這時H君的正確做法就是簡單表達謝意之後，順勢提出下一個話題，既然對方已經捧了，我們就要逗起來，像H君上面的這種回答，就只會造成雙方都沉默的局面，因為話題中斷了。雖然下面還有別的話題，但少了中間的一個鏈條，在過渡上就顯得尷尬、生硬了很多，因此造成了短暫的沉默局面。

第二次沉默是在雙方介紹工作的時候，透過前面的分析，我們可以知道，當H君說完自己在法院工作之後，女孩又承擔起了「捧」的角色，而且這一次「捧」得還十分明顯。實際上，女孩就是為了延續話題，所以讓H君介紹一下他工作中發生的有趣的事。從結果上來看，H君顯然沒有意會到這層意思。

即使H君真的覺得在法院工作是一件最沒意思的事情，完全沒有有趣的東西可講，他也可以將話題繼續延續下去。假設H君的工作真的非常無聊，那麼H君可以在回答「法院工作也沒什麼意思」之後，再加上一句「你們當老師的總是面對孩子，有意思的事情應該很多吧」？這樣一來，話題就自然而然地延續下去了。

第五章　實踐反暴力溝通的方法

　　如果採用我們假設的回答，實際上是 H 君接收到了女孩的「捧」，但由於自己的工作實在沒有什麼意思，沒有辦法「逗」下去，就只能自己作為「捧」的角色，將話題重新拋給女孩，讓女孩來做「逗」的角色。既然是同樣的問題，女孩自然也就做好了回應的準備，對話就能夠順利地延續下去了。

　　第三次沉默出現在兩人介紹完後的閒談之中，閒談相比於互相介紹基本資訊，在難度上其實大很多，雖然可以聊的話題同樣很多，但很容易出現尷尬或冷場的局面。在 H 君的故事中，第二次沉默之後，女孩主動找到了一個話題，詢問 H 君關於飲食方面的問題。如果了解一些溝通技巧就會知道，女孩並不是想讓 H 君回答簡單的是與否，而是想要透過這個問題，繼續提出下一個問題。

　　對於女孩的提問，H 君最好的回答應該是肯定，這樣女孩便可以繼續提出關於當地特色美食的問題。而實際上，H 君給出了否定的回答，並且還給出了最無可救藥的否定回答。如果他自己沒那麼嗜甜的話，H 君可以回答「許多臺南人的確喜歡吃甜，但我個人鹹的吃得比較多，其他口味也有」。看上去這個回答和上面 H 君的回答沒什麼區別，但其實裡面卻隱藏著「捧」的內容。

　　在我們給出的否定回答中，雖然否定了每個人都嗜甜，但是特別強調了吃鹹的食品，這對於女孩來說就是一個「捧」的元素。女孩看到自己所說的甜食被否決，鹹的食品被著重提出，

> 「我覺得你說得有道理，你再進一步講講！」
> ——順水推舟，把話題扔給對方

就會抓住鹹的食品這一「捧」的元素繼續進行追問：「那麼臺南有什麼好吃的鹹的食品啊？」這樣一來，話題同樣延續了下去。

可以說，H君相親的失敗完全是因為自己不懂得抓住對方拋來的話題，每一次都將天聊死了。在相聲中，捧和逗是讓相聲有趣的關鍵，而在溝通中，捧和逗則是保障對話延續的關鍵。兩個人的溝通能否一步步走向最終的共同目標，主要是看兩個人在溝通過程中是否合理分配了捧和逗的角色，只有在溝通過程中相互配合，才能一同達成共同目標。

當對方在進行表達的時候，我們可以作為承接的一方，隨時給予對方回饋，保證對話的正常進行。當對方表達完了一個觀點之後，我們可以順著他的思路找到新的話題，然後重新拋給對方，這種方式要比從我們自身找話題來聊要容易得多。因為從對方的觀點中找到的話題對方會更加了解，談論起來也會更有話說，如果從我們的角度去尋找話題的話，很可能會讓對方不知道怎麼回應。

在反暴力溝通中，想要讓話題延續下去，就要尋找一些方法。如果我們是一個能言善辯的人，那可以自己一個話題一個話題地展開敘述，當然，這時我們要注意對方是否喜歡這些話題。如果對方喜歡，我們就繼續說下去，如果對方不喜歡，那就不要過多談論這個話題。

如果我們並不擅長溝通，也不會不停地誇誇其談。那就將話題交給對方，當對方敘述的時候，我們可以適當給予回饋，

第五章　實踐反暴力溝通的方法

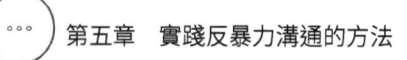

讓他們繼續說下去。當話題快要說完時，繼續根據對方敘述的內容提出新的話題，然後將話題推給對方，讓對方繼續展開敘述，這樣溝通也就自然而然地延續下去了。

嘴上抹點蜜，對方沒脾氣
—— 你的嘴越甜，對方被尊重的感覺就會越強烈

> **反暴力溝通箴言**
>
> 　　多說好話和拍馬屁是完全不同的兩個概念，情侶之間的甜蜜話語如果算成拍馬屁的話就有些「驢唇不對馬嘴」的意思了。在溝通中，我們說的「好話」越多，對方就越能夠感受到我們的好意，在表達上，也就能夠更加自在、更加盡興。

有些人在與人交談時會如魚得水般自在怡然，有些人在與人交談時則會表現得如魚離水般痛苦不堪。溝通是客觀的，溝通過程中的人則是主觀的。如果想要讓溝通的過程按照自己預定的方向發展，採用強硬的舉措讓對方屈服顯然不是一個好的辦法，完全按照對方的邏輯思路走也不是一個好的辦法，最後就只剩下與對方一起向前走這個方法了。

在這一小節之中，我們要談的就是這個「與」字。「與」既不

嘴上抹點蜜，對方沒脾氣
——你的嘴越甜，對方被尊重的感覺就會越強烈

能靠自己屈服而達到，也不能靠讓對方屈服來達到。想要與對方一同走向溝通的共同目標，先將自己的嘴上「抹點蜜」，這樣對方就會自然而然地跟著你一起走了。

要具體闡釋將自己的嘴上「抹點蜜」這個方法，我們主要從微笑、讚美和尊重這幾個詞入手。

很多時候，在溝通過程中微笑可以抵得上千言萬語，即使是再華麗的語言也不及微笑的萬分之一。當我們給予對方一個微笑的時候，往往也會獲得對方的一個微笑，這不僅能夠促進與對方的友誼，同時也可以讓溝通變得更加順利。當溝通過程中出現「空白期」時，一個微笑往往要比沉默的效果更好。

人際關係學大師戴爾·卡內基曾說：「一個人臉上的表情比他身上穿的更加重要。」微笑就是一個人臉上最能夠吸引人的表情。成功學大師拿破崙·希爾則說：「真誠的微笑，它的效果如同一枚神奇的按鈕，能夠立即接通他人友善的感情，當你微笑的時候，你無疑是在告訴對方：我喜歡你，我願意做你的朋友。你同時也在用你的笑容告訴對方：我相信你一定也會喜歡我。」

微笑可以拉近溝通雙方的距離，讓彼此產生親近感，在溝通開始之前，一個微笑能夠讓對方提前進入談話的狀態。在溝通過程中，一個微笑則能夠讓對話進入一個美妙的境地之中。在溝通結束之後，一個微笑則能留給對方一個美妙的回憶。微笑是溝通過程中必不可少的元素，同時也是我們介紹的第一個要素，在微笑之後，讚美是溝通過程中第二個重要的元素。

第五章　實踐反暴力溝通的方法

甲乙兩個獵人一同去打獵，在第一天他們都打到了兩隻兔子回來。甲的妻子看到甲只帶回了兩隻兔子，便大罵道：「你一天只能打到兩隻兔子嗎？真是沒用的傢伙。」甲獵人聽到妻子對自己的評價，感到十分生氣，在第二天打獵的時候，他故意什麼也沒有打到，因為他想讓妻子知道打到兩隻兔子是多麼不容易的事情。

乙獵人的遭遇與甲獵人有些不同，當他帶著兩隻兔子回到家時，他的妻子歡天喜地地說道：「你一天打到了兩隻兔子嗎？真是太了不起了！」乙獵人聽到妻子的表揚之後，在第二天一大早就滿心歡喜地外出打獵去了，結果在這一天，他打到了四隻野兔，因為他想讓妻子知道自己還能打到更多的獵物。

短短一天時間之中，兩個獵人打到的獵物就出現了較大差距，是兩個獵人的打獵技術發生了改變嗎？並不是。發生改變的是兩個獵人的心理，第一個獵人因為受到了妻子的批評而心生怨氣，導致第二天放棄了打獵。而第二個獵人因為受到了妻子的讚美，在第二天鼓足了幹勁，打到了更多的獵物。

每個人都有自尊心和榮譽感，對一個人真誠的讚揚會讓他感覺到自己受到了重視和認可，從而表現出更加優秀的一面。讚美還可以拉近人與人之間的距離，消除彼此的陌生與矛盾。在溝通過程中，讚美更是如催化劑一般，能夠讓溝通發生巨大的變化。

在人與人的交往過程中，讚美是必不可少的。真誠地讚美

嘴上抹點蜜，對方沒脾氣
——你的嘴越甜，對方被尊重的感覺就會越強烈

他人可以讓接受讚美那個人的自信心得到極大的滿足，從而促進人際關係的穩定發展。在溝通過程中，讚美會讓對方感受到認可，不僅是對於他們觀點的認可，同時也是對於他們自身的認可，這樣他們在表達的過程中才會更加自信，更加流暢。

讚美是讓溝通順利進行的催化劑，尊重則是讓溝通能夠進行的基礎。之所以將尊重放在讚美的後面介紹，就是因為在溝通過程中，雙方的互相尊重是溝通從開始到結束的一個重要基石，沒有了這個基石，任何其他的溝通技巧也就不再適用了。

在紐約街頭，一個商人看到一位穿著破破爛爛的鉛筆業務員，出於同情心，他塞給了業務員1美元。過了一會兒，他覺得自己的做法有欠妥當，又迅速原路返回，找到鉛筆業務員，從他那裡取出了幾枝鉛筆，並不好意思地向業務員解釋自己忘記拿筆這件事。

他對業務員說：「你和我都是商人，你有東西要賣，我是在買你的東西。」幾個月之後，商人收到了一封感謝信，那名鉛筆業務員已經成為一個推銷商，在感謝信中他寫道：「你重新給了我尊重，讓我重新認識到自己是一個商人。」

在生活中，你怎樣去對待別人，別人就會怎樣去對待你。當你瞧不起別人的時候，自然有人也會瞧不起你，當你幫助別人的時候，也會有人過來幫你。生活是一面鏡子，能夠反射出你所有的態度。你尊重別人，別人才會尊重你，這是最為基本的人際交往法則。

第五章　實踐反暴力溝通的方法

在美國心理學家馬斯洛的需求理論中，尊重處於第四層級，是人類的一種高級需求，被他人尊重更是每個人最迫切的心理需求。在溝通過程中尊重對方，不僅是我們人格素養的一種展現，同時也能夠為對方營造一個更好的表達空間，從而引導對方更加自如地去表達自己的觀點和想法。

與微笑和讚美一樣，尊重也是雙向的。在溝通過程中，當我們尊重對方的時候，對方也會尊重我們。只有在相互尊重的氛圍之下，溝通才能夠順利地走向最終的共同目標。

想要讓溝通進行得更加順暢，做好了上面幾點就足夠了。微笑作為一種非語言溝通方式，在表情達意方面具有很好的效果，微笑是溝通中必不可少的非語言行為，其在溝通中發揮著重要的作用。與微笑相同，讚美也具有同樣的效果，懂得在溝通中使用讚美的語言，會讓對方感覺到如沐春風，溝通自然就會順暢起來。尊重則是溝通存在和延續的基礎，沒有尊重的溝通很難取得好的效果。

上面所介紹的就是我們要說的將自己的嘴上「抹點蜜」的方法，微笑、讚美和尊重。當我們的臉上、心裡表現出這些內容的時候，通往溝通成功的道路也就被打通了。

見什麼人說什麼話
—— 不同的溝通對象，不同的溝通方法

> **反暴力溝通箴言**
>
> 　　在溝通過程中，要學會「見人說人話，見神講神言」。人有各式各樣的，他們的脾氣性格、心理特點、語言習慣等都不盡相同。這也決定了他們對語言資訊的要求不盡相同。因此，不能用統一的通用的標準語的說話方式來交流。

　　小張是業內頂尖的業務員，每年的銷售冠軍都非他莫屬。

　　同事小趙催他講講祕訣，小張也不藏著掖著，叫小趙跟自己一起去拜訪客戶。

　　到了客戶大山家門口，小張把領帶鬆了鬆，一邊「啪啪」敲門，一邊扯著嗓子喊：「哎哎！你小子在家嗎？」

　　小趙嚇了一跳，趕忙拉住小張，小張卻朝他一笑。

　　客戶大山開了門，一拳錘在小張胸口：「你小子怎麼不打電話給我？我整天幫你賣貨，我是在替你工作，你要知道。你很滋潤，和老婆享福，也不關心我們這些『貧民』的死活！嘿嘿。」

　　小張也沒理客戶，直接進屋坐在了沙發上，蹺著二郎腿：「談正經的，我們公司最近要做一個通路獎勵。」

第五章　實踐反暴力溝通的方法

大山打斷他：「有話快說，有屁快放！我現在手頭上還有事呢！」

小張一撇嘴：「你小子急什麼，聽好了⋯⋯」

不多時，小張就簽了一筆大單子。

如果遇到的客戶是「真性情」，就用「真性情」的方式來對待他。

事例中，小張拜訪的客戶明顯是個大老粗。這類客戶喜歡「有話直說」，且認為不拘小節才是真性情。試想，如果小張上來就跟這位客戶點頭哈腰帶握手，客戶反而會覺得小張虛偽、做作。印象不好，單子自然談不攏。

但如果客戶是位紳士，就需要用紳士的方式來對待他。再用「大老粗」那一套，必然是行不通的。見人說話，視人行事。只有這樣才能溝通到位。

我們再看下面這個例子：

剛才的舉動，讓小趙看得有些發矇。小張也不多解釋，叫他繼續跟著自己走。

兩人走到學校附近的一個社區內，小張繫好領帶，輕輕叩了叩門：「劉總，您好，我是小張。」

劉總開了門，把小張和小趙往裡讓了讓。

小張略一點頭，先伸出了手：「劉總，您好，最近忙嗎？好久不見。」

劉總溫和地說:「還好,你這次來有什麼事嗎?」

小張點點頭,說道:「是這樣,公司最近出了一個管道獎勵,我想跟您談一下。具體是這樣的⋯⋯」

拜訪結束後,小趙看著小張手裡的兩筆大單子,若有所思地點點頭。

一般來說,溝通就是要讓雙方達成一個統一的意見。要做到這一點,溝通就要適應交際的廣泛性,要考慮不同的文化背景,不同的身分性格,以及不同的說話特點。要盡量把雙方拉到一條水平線上交流。

要知道,從事不同職業、具有不同專長的人,其興奮點往往是不同的。他們會因為不同的專業知識和經驗儲備而對不同的話題津津樂道。

如果你說的話,完全戳不中對方的興奮點,或者讓對方搞不懂你在說什麼,他們就會覺得味同嚼蠟或者無言以對。這樣一來,要想繼續深談下去是很困難的。

有些人總被批評「少根筋」。究其原因,就是他們不看情況,一味瞎說。

比如在壽宴上,對著壽星大談人身意外險;對著孕婦,說這年頭養孩子根本養不起;對新郎新娘說,誰家的親戚又出軌了;對即將出門遠行的人,大談今年發生了多少飛機失事的意外事件⋯⋯

第五章　實踐反暴力溝通的方法

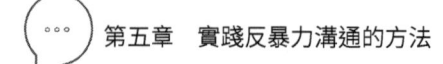

也許有時候，你只是談興正濃，沒注意跟你溝通的人的身分背景，但卻在不知不覺中傷了人。對於這種情況，你只要記住：在和對方交談時，盡量使用對方認同的語言。靈活機動，因人而異。

因人而異的談話方式，不但能表現出自己的水準修養，也能讓對方在與你溝通的過程中，感受到你的尊重與信任。

這一點不可不知、不可不學。下面具體給出幾點方法：

▎辦事嚴謹、誠懇老實的人最喜歡聽穩重的話

這時，你應該注意說話的態度，既不要巧舌如簧，也不要慷慨激昂。最好用簡練樸實的語言，讓對方感受到你的敦厚與可信。

▎性情豪放、行為粗獷的人最喜歡聽爽快的話

與此類人交往，你應當注意忠誠坦白，不要「賊眉鼠眼」，也不要支支吾吾。你要讓對方知道，你是一個知無不言、言無不盡的人。與這類人溝通時，個人感情色彩要鮮明。

▎學識淵博、舉止高雅的人最喜歡聽縝密的話

此時，你不妨從理論問題談起，最好能夠引經據典，縱橫古今。對於他們旁徵博引而少蕪雜的言辯，即便你不懂，也要頷首沉思，表示自己認真傾聽，讓他們知道你的謙虛文雅，含蓄上進。

▍身分尊貴、地位很高的人最喜歡聽認真的話

談話時,你必須注意以下幾點:與對方講話時,態度要恭敬;在傾聽時,要表現得全神貫注;除非對方希望你講話,否則不要插話;回答問題要簡練,不要說題外話;不要做「應聲蟲」,否則對方會認為你沒主見。

▍能力較弱、地位較低的人最喜歡聽莊重的話

這類人群,自尊心普遍高於自身能力,所以他們在溝通過程中尤其敏感。一旦你的談話,給對方造成一種隨便應付的印象,他們就會對你產生敵意。在這種時候,你應當讓對方知道,你對他說的話有興趣,而且說話時必須謙虛有禮,不要表現出自己的優越性。

▍溫柔矜持的女性最喜歡聽尊重的話

女性喜歡聊自己,也喜歡聊家庭和喜好。因此,她們需要一個耐心的傾聽者。如果你想與女性溝通,一定不要輕蔑地表示她們知道得比你少,或根本無視她們的意見。你應當像對待和自己同等地位的人一樣與她們溝通。這樣才能迎合她們的天性,對方也會覺得,與你談話是件十分愉快的事。

▍深諳世事的老年人最喜歡聽謙虛的話

老人在教育後輩時,經常說「我吃過的鹽比你吃過的飯還多」,這是有一定道理的。雖然老年人接受的新知識較少,但對

第五章　實踐反暴力溝通的方法

方經驗豐富。因此，他們更喜歡聽到謙虛恭敬的話。此外，老年人喜歡顯得年輕，希望獲得活力和健康。因此，與老年人談話時一定要注意這點，才不會溝通失誤。

▎比自己年幼的人最喜歡聽沉穩的話

大多數情況下，與比自己年幼的人溝通是沒有困難的。但一定要注意說話穩重一些，不要讓對方覺得比他還幼稚，也不要給他們直呼自己姓名的機會，更不要跟他們爭個臉紅脖子粗，這樣只會自降身分。在言談舉止中，要尊重對方，對方才會尊敬你。

話是說給別人聽的，至於說得好不好，口才怎麼樣，就要看你是否恰到好處地表達出自己的思想了。如果你說的話，讓別人聽不懂，或者壓根兒不想聽，那還有什麼意義呢？只有讓對方樂於接受，你的溝通才是有效的。

見什麼人，說什麼話。這樣才能讓你的溝通順暢無阻。

讓人發笑，溝通就成功了一半
—— 幽默是溝通中的萬能鑰匙

┌─ 反暴力溝通箴言 ─

在溝通過程中，要運用幽默的力量，幽默是溝通中的「萬金油」。讓人發笑，你的溝通就成功了一半。

讓人發笑，溝通就成功了一半
——幽默是溝通中的萬能鑰匙

用幽默的方式進行溝通，是大家都比較喜愛的一種溝通方式。著名作家余光中就在文章中描繪過「幽默的境界」。

在余光中心裡，天賦是第一等的幽默；而自己不能創造幽默，但能領悟到對方的幽默，是第二等的幽默；而第三等的幽默，則是你創造不出幽默，而且連理解幽默的能力都缺乏的幽默。

當然，這裡說的讓人發笑，並不是你搔癢對方胳肢窩，強迫對方發笑，而是自然而不做作地流露出你的幽默，能讓別人在溝通過程中自然地為你的魅力所折服。

天生幽默感，也就是第一等的幽默，它是在你一言一行、一舉一動中自然流露的，並不是精心刻劃的生硬的幽默，它能讓你不自覺地發笑，讓你在沉思中頓悟，頓悟後大笑，可以說回味無窮。

就像錢鍾書先生所說，如果你的幽默只是矯揉造作，那就讓人像吃了一隻蒼蠅般反胃、噁心。真正高明的幽默，是在一瞬間迸發出的智慧火花。

中國知名記者白岩松的口才以及臨場應變能力是圈內外人士公認的優秀，他最擅長以幽默的溝通方式與人交流。有一次，一位女記者接連向他丟擲兩個相當刁鑽的問題。第一個問題是：「如果把節目的完美比作地平線的話，您認為您距離這地平線有多遠？另外，您的新節目起點有多高？」

這兩問很刁鑽。說高了吧，人家會說白岩松這個人太驕

第五章　實踐反暴力溝通的方法

傲，也對節目有所影響；說少了吧，白岩松確實把節目做得很好，而且也是對節目組不尊重。

但白岩松不假思索地幽默：「距離完美的地平線就一天的路程──明天，就在明天。至於我的新節目的起點嘛，是1.79米──也就是我的身高。」此話一出，立刻贏得了包括那位女記者在內的全場觀眾的熱烈掌聲。

2007年11月，電視臺舉行了「2008年黃金資源廣告招標會」。就在A特段招標前，白岩松作為主持人，特意在主持節目時賣了個關子，留下個懸念，指出最終得標的兩位客戶，將會獲得由「大師」親自贈予的神祕禮物，而且，這份禮物也是該「大師」唯一流傳到民間的作品。

很快，A特段廣告便標錘落定，在揭標完畢後，白岩松笑咪咪地揭開了傳說中的贈禮，原來是兩幅畫作。其中一幅是出自一位書法家之手的作品，而另外一幅水墨修竹，卻是出自主持人王小丫之手。

面對白岩松之前在招標會上滿嘴都是「大師之作」，王小丫在一旁顯得十分不好意思。但這幅畫既然是王小丫初次曝光自己的畫作，白岩松作為主持人總得點評一下。幽默的白岩松當即說道：「小丫畫竹的訣竅，其實就將小丫的『丫』字反覆寫在紙上即可。」此言一出，現場的氛圍頓時輕鬆歡快起來。

那些真正具有高明幽默感的人，在生活中也一定充滿智慧，而且擅長與人溝通交流。他們往往擁有跌宕起伏的人生經歷，

> 讓人發笑，溝通就成功了一半
> ——幽默是溝通中的萬能鑰匙

擁有豐富充沛的情感經歷，這樣他們在幽默的時候才會雲淡風輕，但充滿哲理，同時讓人一邊大笑，一邊深表贊同。

英國有位紳士，他跟一位長相可人的法國女人同乘一個包廂，法國女人看見這位英國紳士穿著談吐都很好，就想引誘這個英國人。

於是，法國女人脫下衣服躺下，然後一直抱怨自己身上發冷。紳士把自己的被子給了她，但她還是不停地說自己很冷。

紳士猶豫了一下，還是禮貌地問：「我還能怎麼幫助妳呢？」

法國女人拋了個媚眼，說道：「我小時候媽媽總是用自己的身體替我取暖。」

紳士想了想，遺憾地說：「小姐，這我就愛莫能助了。我總不能跳下火車去找妳的媽媽吧？」

這位紳士就有著天生的幽默感。這類人抖起「包袱」簡直是信手拈來，行雲流水般流露出自己的處世態度和人生態度，也讓法國女人在沒辦法挑出毛病的情況下達到自己的目的，結束雙方的溝通。

這就是反暴力溝通中最高明的一招，用幽默的方式，讓對方無處下手。

當然，在與人溝通時，還可以透過自己幽默的功力，緩解溝通的尷尬。言由心生，只有真誠地幽默才能激發共鳴，才能讓對方感受到你的真誠。

第五章　實踐反暴力溝通的方法

只有真心實意，坦誠相待，不在溝通的時候擺架子，你的幽默才能更好地發揮效用。

R先生寫得一手好字，這讓同在郵局工作的X先生羨慕不已。

X先生說：「您的字寫得真不錯，我看，您的字完全可以跟一些書法大家相提並論了。不像我，我的書法很差，為這個事，局長前兩天還批評了我。」

R先生安慰了他一番，但他還是愁眉苦臉的。

R先生說道：「其實，我也是透過努力練習才寫成這樣的，你的書法可比我當初的書法好太多了，我相信你只要練習，一定比我寫得好！」

X先生對自己還是沒自信。

於是，R先生對X先生講了個他之前在郵局遇到的事情。

在郵局大廳內，一位老太太走到R先生跟前，客氣地對他說：「先生，請幫我在明信片上寫上地址好嗎？」

R先生說：「當然可以。」

於是，R先生按照老太太的要求做了。

老太太又說：「您能再幫我在明信片上寫一小段話嗎？真的是十分感謝您！」

「好吧，」R先生按照老太太的要求把話寫好後，微笑著問她，「您還有什麼需要我幫忙的嗎？」

讓人發笑，溝通就成功了一半
——幽默是溝通中的萬能鑰匙

「嗯，還有一件小事。」老太太看著明信片說，「請您幫我在最下面再加一句：字跡潦草，敬請原諒。」

X 先生聽完哈哈大笑，覺得自己跟 R 先生的距離也拉近了很多。

幽默溝通的真諦就在於天然，在於讓對方接受你的溝通，接受你的好意。如果一個人只會說些粗俗段子，還把這個當成幽默感，那我只能說這樣的溝通是完全無效的，甚至還會讓對方產生反感，認為你這個人本身就粗俗不堪，或者你不夠尊重對方。

在這裡，我給出六點幽默溝通技巧，讓你在溝通的時候，一開口就奠定勝利結果。

幽默拒絕法

要知道，拒絕別人的話一向不容易說出口，如果說不好，就很容易在溝通的時候得罪人。因此，我們在拒絕別人的時候，一定要講究策略，含蓄委婉。幽默恰好能巧妙地展現這一點。用幽默的方式拒絕別人，才能讓對方在笑聲中被你拒絕。

幽默緩解法

幽默是人生的各種際遇中，處理各種人際關係的潤滑劑。

我們可以透過幽默的溝通，來代替抱怨，避免爭吵，也讓你跟他人的溝通變得更有效率。幽默能幫你把很多不可能變

第五章　實踐反暴力溝通的方法

成可能，它能讓對方的笑容更有深度，也能讓你們的溝通事半功倍。

▌用幽默的方式消減尷尬

在正式場合中，我們難免會遇到一些意外的尷尬場面，這些尷尬常常給人帶來不愉快的感受。如果你想從這種窘境中快速脫身，不妨試試幽默的方式。

比如你的主管在嚴肅的會議上放了個屁，正當大家憋著笑，主管紅著臉時，你不妨站起來講個故事，用幽默的口吻把這件事帶過。之後，想必你與主管的溝通也會更加順暢。

▌幽默批評法

提出批評意見時出於需要，可以把本來直說的話，用幽默的方式表達出來，從而產生一種耐人尋味的效果。

漢武帝晚年時期，非常希望自己能夠長生不老。一天，他對侍臣說：「我在相書上看到，一個人鼻子下面的人中越長，命就越長；人中長一寸，能活百歲。不知是真是假？」

東方朔一聽這話，就知道漢武帝又在幻想自己能長生不老了，於是臉上露出了一絲譏諷的笑意。

漢武帝看見東方朔嘴角露出譏諷的笑，於是大怒道：「你敢笑話我？」

東方朔恭恭敬敬地一施禮，說道：「我怎麼敢笑話皇上呢？

讓人發笑，溝通就成功了一半
——幽默是溝通中的萬能鑰匙

我在笑彭祖。」

漢武帝不信，說：「你為什麼笑彭祖？」

東方朔答道：「據說彭祖活了八百歲，如果真像您剛才所說，那他的人中就有八寸長，那麼，他的臉不是有丈把長嗎？」

漢武帝一聽，也哈哈大笑起來。

當然，東方朔是聰明的，他用「笑彭祖」的辦法，幽默地與漢武帝進行了溝通，正是因為這樣，才讓漢武帝愉快地接受了批評。

▍在講笑話之前先認真傾聽

在開口之前，不妨先判斷一下對方屬於哪種風格。有時候，幽默用不好也是傷人傷己的，運用是否得當，會決定你溝通的最終成敗。

因此，若想跟對方更好的溝通，在講笑話之前，一定要認真判斷對方是否可以接受你的幽默。

▍加入修辭手法，讓幽默溝通更犀利

我們在與人溝通時，經常會用影射、諷喻、雙關、誇張等修辭手法，為自己的幽默加以潤色。

一次，俄國著名生物學教授在講課的時候，有個學生突然故意搗亂，在課堂上學起公雞打鳴的聲音，頓時讓課堂裡其他學生大笑起來。

第五章　實踐反暴力溝通的方法

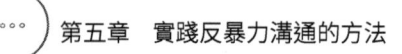

這時，教授不動聲色地看了一下自己的手錶，說：「看來是我的表壞了，沒想到現在竟然是凌晨。不過，請同學們相信我的話，公雞報曉只是低等動物的一種本能。」

這位教授有意地擴大或縮小事物的特徵，用幽默風趣的手法，啟發學生們思考。他沒有跟學生們爭吵，而是進行了一種有效溝通。

要成為一個優秀出色的人，擁有幽默感則是必不可少的。只有在溝通的時候帶點幽默，才能在工作和生活中，以及在上司與下屬的人際溝通中暢行無阻。

切記，讓對方發笑，你的溝通就成功了一半。

第六章
怎樣化解他人的語言暴力

第六章　怎樣化解他人的語言暴力

以暴制暴，只會助長暴力
—— 面對他人的暴力溝通，要機智應對

> **反暴力溝通箴言**
>
> 　　對打不是勇敢，對罵更不是能耐，面對他人的暴力溝通，用機智去化解要遠比「以暴制暴」的效果好得多。

　　一個監獄新來了三個罪犯，在看完案宗之後，監獄長讓他們自己陳述自己的經歷。

　　罪犯A說，自己因為做事情很慢，還總是完成不好，父母經常責備他，經常會罵他是「豬」、「蠢豬」、「比豬還要笨的豬」。為了逃避父母的責罵，他希望能夠賺到更多的錢，賭博成了他最終的選擇。因為賭博他欠下了鉅額的債務，雖然還清了錢，但聽到債主罵自己是「蠢豬」的時候，他掏出了腰間的手槍，一槍要了債主的命。

　　罪犯B說，自己的父母經常當著別人的面說自己給他們丟臉。成年之後，在一次與對手的爭吵之中，他又再次聽到了「丟人」二字，一時間他的記憶回到了自己的兒童時代，想起了父親辱罵過自己的話。神志錯亂的他用菜刀砍死了那個辱罵他的人。

　　罪犯C說，小時候自己跟著母親生活，母親經常將自己的不幸轉嫁到他的身上，那些辱罵父親的話也都轉向了他。在打工過程中，他不小心將飲料打翻在顧客身上，店主在賠償了客

以暴制暴，只會助長暴力
―― 面對他人的暴力溝通，要機智應對

人之後，開始對他大罵不止。在舊時回憶的驅使下，他用一把水果刀捅傷了店主。

上面故事中的罪犯之所以會走上一條無法回頭的道路，語言暴力是其中的重要催化劑。每個人因為智商、身體素養的不同，都會表現出強弱的分別，如果單單因為這樣就被認作為「廢物」、「蠢豬」的話，那世間的考核標準也就太過嚴苛了。

對於這些犯人來說，語言暴力早已成為他們生活的日常，他們感受不到父母的愛，內心受到了嚴重的傷害。正是語言暴力的不斷堆積讓他們越陷越深，最終爆發出了巨大的殺傷力，不僅殺傷了自己，也殺傷了別人。

語言暴力是一種殺人不見血的暴力行為，從上面的故事中我們也可以發現其恐怖的殺傷力，那麼應該怎樣去應對語言暴力呢？「以暴制暴」肯定是不對的，那樣只會獲得雙倍的、甚至是更多倍的暴力，面對語言暴力，以語言暴力還擊和以肢體暴力還擊都是不可取的做法。

《天下無賊》的作者趙本夫，接受南京大學的邀請做了一場講座。在講座現場，有人提出，趙本夫是因為沾了電影《天下無賊》的光，才逐漸被人關注的。隨後，又有人向趙本夫提出面對這種情況他本人是不是感到有些悲哀？

面對這樣尖銳的問題，趙本夫並沒有展現出不悅的神情，他回答道：「這有什麼好悲哀的，說我是沾了電影的光，我覺得這種說法是有些本末倒置了吧。就好像我種的一棵樹上面長了

第六章　怎樣化解他人的語言暴力

一個果子,我吃了這個果子,你們覺得我應該覺得悲哀,覺得慚愧嗎?」

面對臺下提問者的言語暴力,趙本夫並沒有當場暴怒。他選擇了一種委婉的方式化解了提問者對自己的攻擊。趙本夫將自己創作《天下無賊》比喻成種樹,將《天下無賊》取得的成績比喻成果子。自己種的樹上長了果子,自己來吃有什麼可悲哀的。同樣,自己創作的《天下無賊》拍成了電影,受到市場歡迎,為自己贏得了榮譽,自己享受這種榮譽又有什麼可慚愧的呢?

語言暴力確實會引起人們的憤怒,很多人因為控制不住自己的情緒而採用以暴制暴的方式對語言暴力進行反擊,採取這種行動往往會激化雙方的矛盾,從而造成更大、更嚴重的暴力事件的發生。

面對語言暴力最好的還擊方法就是「以溫柔的話語待之」,別人對我們使用語言暴力,我們還要與他們展開溫柔的對話,那我們的自尊要何處安放呢?這一點就需要我們在展開對話的時候,充分運用聰明才智了。

在一次金馬獎頒獎典禮上,中國男演員黃渤作為主持人出席頒獎典禮,當時的黃渤穿了一身暗色緞面印花材質的長袍,腰上還繫著腰帶。同為頒獎嘉賓的香港女演員鄭裕玲調侃黃渤說:「今天晚上你穿的是睡衣吧?我是已經五年沒來過金馬獎了,所以是盛裝出席,你看看臺下的劉德華、梁朝偉和成龍他們,穿著上都是很隆重的。你怎麼只穿了一件睡衣就來了。」

> 以暴制暴,只會助長暴力
> ——面對他人的暴力溝通,要機智應對

　　黃渤並沒有對這一突如其來的調侃感到尷尬,反而輕鬆地答道:「對對對,是沒錯,因為他們都是客人嘛,客人到別人家裡面去做客,當然要穿得隆重一點啦。妳已經五年沒來這裡了,但我這五年一直都在金馬獎,這裡已經像家一樣了。回到家裡要穿什麼?當然要穿得舒服一點了啊!」

　　聽到黃渤的回答,鄭裕玲又開始繼續調侃起來。鄭裕玲誇獎了當晚的金馬獎主持人蔡康永,蔡康永接過話也開始調侃起黃渤來,他說道:「黃渤啊,這裡是我家,不是你家。」蔡康永常年擔任金馬獎主持,說出這句話自然名正言順,但對黃渤來說就顯得有些尷尬了。

　　黃渤聽完後大笑了起來,笑過之後對蔡康永說:「其實你並不是一個人在戰鬥,我剛才看到了一匹馬和你在一起。這麼長時間,我只看過人騎馬,還沒見過馬騎人呢。」蔡康永當晚穿了一件黑白相間的格子禮服,肩膀上背著一匹造型馬。黃渤機智地化解了蔡康永的調侃。

　　上面的故事雖然沒有上升到語言暴力的高度,但足以成為一個應對語言暴力的絕佳典範。在人際關係緊張複雜的情況下,使用幽默的語言能夠化解尷尬、緩和矛盾,同時也能夠消除衝突。

　　使用溫柔的對話也是一種力量的表現,高情商的人懂得換位思考,即使面對語言暴力,也不會用同樣的暴力方式加以還擊。他們往往會用溫柔的語言、巧妙的方法來化解對方的語言

第六章　怎樣化解他人的語言暴力

暴力,既維護了自己的尊嚴,也對對方的語言暴力行為進行了反擊。

反暴力溝通不僅能夠化解暴力溝通帶來的矛盾和問題,同時還能夠引導人們用更好的方式展開溝通,從而使溝通雙方和諧相處。反暴力溝通不僅是一種溝通方式,更多的是在傳遞一種生活的態度,這種生活態度不僅可以緩和人際關係之中的緊張氛圍,同時還能夠讓人們更好地表達自己、展示自己。

在應對暴力溝通方面,前面我們已經講到了很多反暴力溝通的方法。在不同的場合之中,應用不同的方法可以更好地達到溝通的目的。以暴制暴只會助長暴力,「以柔克剛」才能取得好的效果。

時機對了,不用跳進黃河也能洗清
── 解釋要懂得尋找時機

> **反暴力溝通箴言**
>
> 拍馬屁需要技巧,拍對地方是關鍵。反暴力溝通也是一門技術,這項技術的關鍵在於找準解釋的時機,很多時候,溝通失敗不是因為沒有解釋好,而是因為解釋的時機沒有選對。

時機對了，不用跳進黃河也能洗清
——解釋要懂得尋找時機

在本節中我們要講時機，這個時機指的是解釋的時機，是讓溝通不至於發展為暴力的一個時機。

這要怎麼去理解呢？如果兩個人在溝通方面出現了障礙，一言不合之後開始大打出手，這個時機就需要在「一言不合」與「大打出手」之間來尋找。如果兩個人在溝通方面出現了障礙，話不投機之後一言不發，這個時機則需要在「話不投機」和「一言不發」之中尋找。

很多時候，溝通開始轉向暴力行為就是因為沒有把握住解釋的時機，如果在溝通障礙出現後，找到合適的解釋時機，就能夠很好地化解掉溝通障礙，避免溝通演化為言語的暴力或是肢體的暴力。

解釋就解釋，為什麼還要找到一個合適的時機呢？溝通障礙出現之後立刻進行解釋不是更好嗎？實踐證明，這種效果並不會更好，為此，我們來做個假設：

你和女朋友因為置辦婚禮的問題吵得不可開交，女朋友認為一輩子只能夠美這麼一次，所以非得要拍一套價格昂貴的婚紗照。但在你看來，婚紗照再美，也不如過好日子重要，花費高昂的價格拍那麼幾張照片，會影響婚後的生活品質。

你們的觀點發生了激烈的對抗，最終在錢和老婆的權衡之下，你決定先把老婆娶回家，再考慮錢的問題。所以在爭吵之後，你立刻提出拍婚紗照的提議，但這時女朋友卻不樂意了，

第六章　怎樣化解他人的語言暴力

「剛剛那麼多人的時候，你說不拍，現在又說要拍，你說什麼是什麼啊？」女朋友決定不拍婚紗照了，大哭著跑回了家。「明明都同意要拍了，為什麼還在耍脾氣啊，女人心真是海底針。」你的心頭不知有多少個小問號飛過。

　　是啊，為什麼會出現這樣的結果呢？與其說上面的故事是一種假設，不如說是現實生活的真實寫照。明明都同意拍婚紗照了，為什麼女方還是在耍脾氣呢？她究竟在氣什麼呢？男人不懂女人，就如大多數人不懂反暴力溝通一樣。解釋需要找對時機，時機沒有找對，再怎麼解釋也是一樣，不能說「對牛彈琴」，但至少也是在對著木頭說話。

　　我們以上面的場景為例來解釋一下這個問題，當時女生正在氣頭上，男朋友當著眾人的面否決自己的要求，這種人怎麼能讓他轉正成為老公。如果這個時候不堅定一下立場的話，結婚之後的日子肯定更加不好過了。當然前面的內心獨白也只是一種假設，我們姑且認定這種假設，既然此時女朋友正在氣頭上，就是想要跟你過不去，你覺得現在這個時機進行解釋合適嗎？

　　當女朋友發火的時候，大多數男生都會做出火上澆油的錯誤舉措，這種舉措往往不是他們故意為之，而只是不了解溝通的方法而已。無論是假設還是事實都可以證明女朋友正在氣頭上的時候，男方進行解釋成功的機率都是非常低的。

時機對了，不用跳進黃河也能洗清
——解釋要懂得尋找時機

那到底什麼時候才是解釋的最佳時機呢？下面我們來看一下假設的第二種結果。

你們的觀點發生了激烈的對抗，最終在錢和老婆的權衡之下，你決定先把老婆娶回家，再考慮錢的問題。兩天後女朋友依然愁眉不展，這時正巧隔壁姐姐和男朋友在吵架，隔壁姐姐說認為男朋友捨不得花錢，對自己不好。姐姐的男朋友也大喊姐姐愛花錢、愛打扮，不知道節制。

你聽著隔壁的吵鬧聲和鍋碗瓢盆的摔打聲，突然跑到女朋友面前，跪在地上說道：「我們去那家貴的地方拍婚紗照吧，畢竟一輩子只有一次，我想讓妳美美的。」看著你誠懇的態度，女朋友坐在了地上說道：「我不拍了，花那麼多錢也沒有什麼用，還不如留著錢我們好好過日子。」女友說完之後，你們相擁到了一起。

很顯然，第二種結果就是最佳的解釋時機了，如果遇到這種情況，似乎都不用解釋，溝通的障礙就一下子解開了。

在溝通過程中出現問題是十分常見的事情，出現了問題就要及時解釋，化解問題，但這個及時究竟要多「及時」，我們還需要仔細探討一下。

從上面的故事來看，當女朋友正在氣頭上的時候，即使使用再天衣無縫的解釋說辭也難以取得良好的效果。而當事情告一段落之後，在一個適當的時機，即使用那種並沒有什麼說服力的解釋說辭，也能夠輕鬆解決問題。所以說，解決溝通問題

第六章　怎樣化解他人的語言暴力

的關鍵不是解釋到不到位,而是時機選得是不是恰當。

選對解釋時機不僅在情侶間出現溝通問題時適用,在職場上,面對主管時也同樣適用。在工作中,如果遭到主管的誤解,選擇一個合適的時機去解釋要遠比直截了當的解釋強得多。在這裡有兩點需要注意的細節:

▌千萬不要和主管當面作對

即使主管誤解了你,即使出現錯誤的是主管自己,你也不能直接跟主管硬碰硬,除非你想直接走人不幹了。在職場之中,尤其是在公共場合,公開與主管唱反調的下屬往往不會有什麼好下場。當然這件事情也並不是絕對的,下屬據理力爭,在與主管的論辯中獲勝,並贏得主管信任的事也並不罕見。只不過應該沒有人會願意自己親自去嘗試這種事件的成功率。

▌私底下和主管陳述自己的觀點

等待主管心氣平和之後,私底下和主管當面談一談,委婉地陳述自己的觀點。

永遠不要指責主管為什麼會誤解你,誰都會犯錯,對於已經過去的事情,你也不必太過計較。在主管平靜下來之後,主動找到主管陳述自己的觀點。陳述觀點的目的不是為了讓主管意識到自己的錯誤從而感到愧疚,只是為了表明自己對待工作始終秉承著認真的態度。

一般來說,解釋的時機往往由具體的溝通情境來決定,這

個溝通情境中的各種不同因素共同決定了解釋的時機。想要獲得好的解釋效果，就要綜合溝通情境中的各類因素。這裡說的各種因素主要包括溝通的氛圍、溝通的時間、溝通的地點、對方的心情等幾個方面。

而所謂選對解釋的時機，那就是要在合適的溝通氛圍中，選擇對的時間、對的地點，等到對方的心情平靜之後，再去與之進行溝通，再去進行解釋工作。

要記住，選對解釋的時機，要遠比選對解釋的理由重要得多，即使遇到了跳進黃河都洗不清的問題，找到一個恰當的時機，不用跳進黃河也能洗清這個問題了。

沉默不尷尬，沒話找話才可怕
── 應對僵局要有所準備

> **反暴力溝通箴言**
>
> 　　最怕空氣突然安靜的人往往要為順利溝通做一些準備，再健談的兩個人在溝通的過程中也會出現對談的僵局。其實，空氣突然安靜並不可怕，可怕的是攪亂了這安靜空氣的人，溝通中出現的短期沉默並不會讓人尷尬，「沒話」之前找到話是能力，「沒話」之後再去找話就很可怕了。

第六章　怎樣化解他人的語言暴力

作為人文學院的院花，妳超凡脫俗、氣質過人，妳的擇偶標準是健壯帥氣的男生，當然同時為人也要幽默一點。突然有一天，同社團的一位學霸男要邀請妳共進晚餐，雖然這位學霸並不帥氣，但卻幽默十足，妳並不反感他，便欣然接受了邀請。

學霸選了一個上等的西餐廳，在用餐期間，他充分發揮了自己的幽默細胞，逗得妳歡笑不斷。但是妳發現，整個餐桌上的氣氛卻很尷尬，學霸的話一直沒停，妳卻一直沉默不語，妳發現你們並沒有共同的語言。所以，這頓飯妳並沒有吃好。

上述這種情境在我們的生活中並不少見，即使你不是漂亮的院花，也不是幽默的學霸，你也會遇到這樣的「尬聊」情境。「尬聊」作為一個網路詞語，其是指尷尬地聊天，氣氛陷入了冰點。

很多時候，我們所處的情境推動著聊天活動的進行，即使不想聊天也必須要聊天，當一個人在你面前長篇大論之後，想要詢問你經過「洗禮」之後的感受。你哪裡會想到，接受完長篇大論的「洗禮」之後還要談自己的感受，你聽的時候已經是昏昏欲睡了，但你卻不能用「陶醉其中」這樣的詞彙來描繪自己的感受，你只能用「呃……啊，這個……」來進行回答。這時候，場面就會極度尷尬了。

之所以會出現尷尬局面，主要是由於在溝通過程中，本該沉默的時候卻選擇了開口，而本該開口的時候卻選擇了沉默。

一位知名學者在學校禮堂完成了自己的演講，學者高超的學術演講贏得了臺下聽眾的陣陣掌聲。在演講環節之後，主辦

沉默不尷尬，沒話找話才可怕
——應對僵局要有所準備

方還安排了抽獎環節，臺下的掌聲還沒有中斷，主持人便抱著抽獎箱跑上臺去，一邊跑一邊舉著話筒說道：「終於開始抽獎了，大家一定也等著急了吧。」

當主持人說完這句話之後，現場的掌聲開始漸漸消退，學者臉上的微笑也開始漸漸消退。氣氛活躍的會場瞬間平靜了下來。

正常來理解，我們知道主持人話語的意思是想要表達抽獎環節到了，看到他抱著抽獎箱走上講臺，相信哪個觀眾都知道抽獎的環節到來了。原本這位主持人並不需要進行任何表述，但隨著他沒話找話的一開口，整個現場的氣氛就發生了逆轉，原本因學者演講帶動起來的火熱氣氛，被主持人的一句話淋到了冰點。

在前面的小節中我們提到過在溝通過程中不要沉默的問題，但在這一小節之中，我們卻要提倡沉默。這裡所說的沉默是一種有選擇的沉默，不是一味的沉默，而是適時的沉默。正如上面故事中的主持人一樣，他所說的那句話，只是為了配合自己的跑動過程，在他看來可能是一個恰如其分的串場，但對其他人來說，就是一個完全不合時機的「尬聊」，這個時候他應該做的最佳選擇就是沉默。

在主持人抱著抽獎箱，跑到抽獎位置，演講學者下臺就座這段時間，就是主持人的最佳沉默時間。而當他站到抽獎位置，將抽獎箱放好，等待演講學者坐下之後，則是他說話的最

251

第六章　怎樣化解他人的語言暴力

佳時間。他可以在稱讚完學者的精采演講之後，拉開抽獎環節的大幕，即使在這個時候，他說道：「終於開始抽獎了，大家已經等得不耐煩了吧。」也不會使現場氣氛降到冰點。

在溝通過程中，適時沉默並不會造成尷尬的局面，如果為了活躍氣氛而沒話找話，反而會造成氣氛的尷尬。談話進入僵局是十分常見的，想要避免這種情況的發生，就要提前為談話做好準備。當然，由於每一場談話的內容都是不固定的，所以我們沒有辦法對每一場談話都做好避免冷場的準備。但從溝通的大方向來看，想要避免談話進入僵局，還是有一些通用的方法是值得借鑑的。

以下是幾種避免聊天進入僵局的技巧：

在對話中設定下行話題

所謂下行話題，就是在現在談論的這個話題中安排進其他話題，從而讓這個話題結束後，下一個話題可以順暢地銜接上。

例如：當我們想要和別人談論一場電影時，我們可以說：「昨天我去看了《蜘蛛人：返校日》，就是漫威的電影。」

在上面這個話題中，主要是在講電影《蜘蛛人：返校日》，但實際上也嵌進了漫威這個下行話題。這樣一來，當對話雙方談完關於蜘蛛人的內容之後，又可以繼續針對漫威展開討論，話題就這樣延續下去了。

沉默不尷尬，沒話找話才可怕
　　──應對僵局要有所準備

▎使用平行話題緩解尷尬

　　不同於下行話題，平行話題就是與這個話題相同的內容，兩個話題往往處於同一個平面上，主要用來應對一些自己所遇到的尷尬局面，避免對話陷入僵局之中。

　　當一個朋友和我們談到他看的一部電影時，我們完全沒有聽過這部電影，便可以用平行話題來進行替換。

　　朋友：「我昨天去看了《天才的禮物》，是克里斯‧伊凡主演的，裡面的小女孩真可愛。」

　　我：「哦，美國隊長啊，前段時間《美國隊長3》也滿好看的，聽說他打算退出漫威宇宙了，是嗎？」

　　在這裡，朋友所說的《天才的禮物》我們完全沒有看過，也根本不知道裡面的小女孩到底有多可愛。如果這時我們僅僅用「哦，是嗎」來應答的話，這段對話就會陷入僵局，或者說就直接戛然而止了。

　　如果採用上面的回答則可以很好地將話題引到自己熟悉的電影之上，同時還能引出新的話題。既然朋友提到了克里斯‧伊凡就說明他對這個人有了解，所以牽扯到平行話題之上的時候，雙方也不會無話可聊。

▎用上行話題改變談話內容

　　上行話題就是與當前所談論的話題並不相同，但是也屬於同一類型的內容，透過使用上行話題，將對話引入自己熟悉的

第六章　怎樣化解他人的語言暴力

方向,從而更好地展開對話。

例如:當一個朋友和我們說自己昨天去看了一場電影的時候,我們對電影並不感興趣,談電影的話題自己更是不擅長。這時我們可以使用上行話題將對話引入自己熟悉的領域之中。

朋友:「昨天我去影院看了《黑豹》。」

我:「昨天下班你去看電影了啊,我直接回家打遊戲了,昨天有送現金的活動。」

在這裡,透過將「電影」這個話題轉換為「遊戲」這個話題,從而將對話引入新的情境之中,避免因為談論自己不熟悉的話題而使對話陷入僵局之中。當然在使用上行話題進行轉換的時候,一定要注意一個問題,那就是自己所轉換的話題領域,一定也要是對方所熟悉或感興趣的領域,這樣對方才能夠有話說。不能為了讓我們自己有話說,而將話題引入一個對方並不熟悉的領域,這樣的話,對話也無法延續,容易進入僵局。

▋無計可施的情況下,丟擲新的話題

當談話已經快要進入僵局,再向下進行就無法挽回的時候,我們可以透過丟擲新的話題的方式來化解這種問題。

當前面幾種方法都已經用過,轉換的話題恰好是對方不熟悉的話題時,也同樣可以丟擲新的話題,來延續對話。

要切記,丟擲新的話題並不是要我們沒話找話說,這是溝通過程中的大忌,即使對話即將陷入僵局,若是找不到新的話

題可談,千萬不能沒話找話,雖然後果不至於不堪設想,但至少也會讓場面一度非常尷尬。

當你面對嘮叨的「祥林嫂」
—— 嘮叨沒完的人,果斷拒絕是唯一的方法

> **反暴力溝通箴言**
>
> 　　距離能夠產生美,這種美「犧牲」的是雙方的溝通,在一些特定的條件下,「犧牲溝通」是非常有必要的。如果與你溝通的是一位不停嘮叨的「祥林嫂」,那麼果斷「犧牲溝通」吧。

一位家庭主婦:電梯裡的人有權利離你近一些,但是請不要說話、不要交談、不要彼此認識,你只需要看著腳下,然後等待,「叮咚,六樓到了」,然後直接走回自己的家。

一個年輕上班族:在列車上最糟糕的事情就是撞見熟人,然後你就得友好地與他閒聊兩個小時。我會選擇躲開,在列車上遇到過熟人,我本來順著車廂走呢,看到對方之後我會轉身向相反的方向走,我就是不想和他們說一些沒用的話。

一位喜劇演員:當你被一個手持剪刀的陌生人困在椅子上的時候,面對他的閒聊你沒有選擇,因為他將會決定你未來一

第六章　怎樣化解他人的語言暴力

個月時間的髮型。我最終找到了那個適合我的美髮師，他能夠理解我的要求，那就是不論發生什麼情況，都不要和我說話，因為閒聊是一件非常恐怖的事情。

拒絕閒聊是冷漠嗎？在華人的文化語境之中，相互寒暄似乎是一個拉近彼此關係的好方法。在寒暄的過程中，雙方可以天南海北地亂聊一通，也可以每天每次都不變樣地對著天氣、對著早飯聊個沒完。大家看上去都樂在其中，但實際上，雙方的內心卻都在不停地打鼓。打什麼鼓呢？這個鼓叫做「你煩不煩哪」。

當然，很多情況下大家「打的鼓」可能都不一樣，但在面對其他人無意義的閒聊時，每個人都會感到無奈，如果這個人是一個嘮叨不停的人，重複說著那些沒有營養的車軲轆話，進行這樣的溝通更會讓我們感覺到生命的消逝。

芬蘭人在等公車的時候，從來不會跟任何人搭話，他們並不是不友好，而是想要保持一種舒服的距離感。這種看上去有些冷漠的做法，其實恰恰是最好的做法，保持一定的距離可以避免無意義的閒談，不僅不會耽誤自己的時間，還能夠保持內心的清靜。

無意義的閒聊是令人無奈的，無休止的嘮叨則是十分可怕的，如果不能將無意義的閒聊扼殺在生長之前，就要將其截殺在發展成無休止的嘮叨之前。如果這兩點都做不到的話，閒聊變成嘮叨，溝通也就陷入了無盡的噩夢之中。即使想要轉換話

當你面對嘮叨的「祥林嫂」
──嘮叨沒完的人，果斷拒絕是唯一的方法

題將溝通匯入正軌，在真正實行起來的時候也很難去實現。

嘮叨往往具有無效、反覆和負面等特點。在嘮叨者所說的話中，更多的是沒有意義、不斷重複並且具有負面影響的內容，這些話會對聽話者產生很不好的影響。很多時候，嘮叨者所說的這些話，往往都是自己身上存在的問題。他們在這方面做得差，卻不停地指責別人不要出同樣的問題。

嘮叨是極具危害性的，對於嘮叨的人來說這種危害性可能不大，但對於承受著嘮叨的人來說卻如慢性中毒一般。

小M剛剛從國小升上國中，由於入學考試沒有考好，小M並沒有進入當地最好的私立中學。小M的母親是一位家庭主婦，雖然學歷不高，但在家中的地位卻是最高的。小M的母親有一個不好的習慣，她總是喜歡針對一件事情反覆不斷地進行評論，其中不乏一些自己的「獨到」見解。

針對小M入學考試沒考好這個問題，她首先數落了自己的丈夫一番：只顧著工作不顧著家庭。就知道沒頭沒腦地加班，也不去跟主管打好關係。天天就知道盯著手機玩股票，也沒見到帶回家裡面幾個錢。在數落完丈夫之後，小M成為主要「攻擊目標」。

「做什麼都不行，吃飯第一名。看妳這麼胖，難道是為了讓人當成豬嗎？跟妳說了多少次好好考試好好考試，妳有在聽嗎？就跟妳爸一個模樣，能有什麼出息？一天天看妳坐在書桌前也沒有什麼效果，乾脆出去打工算了。」

第六章　怎樣化解他人的語言暴力

如此「疾風驟雨」般的母親應該不只小 M 有，大多數孩子都應該遇到過這樣的情況，很多時候，母親的話並非發自內心，但如連珠炮般的嘮叨卻一顆顆射入了孩子的內心之中。正是這種無意之間的嘮叨，讓孩子們的內心受到了極大的創傷，在日積月累之中，逐漸讓孩子們「積勞成疾」。

從父母與子女的角度來看，嘮叨產生的原因往往有以下幾種：

▎過度關愛，忽視孩子自身的成長性

孩子在小的時候什麼都不懂，需要父母時常嘮叨才能記住一些事情，但當孩子漸漸長大，具備的知識可能已經超過父母時，繼續嘮叨那些小時候的話題，就會阻礙孩子的成長。

▎父母缺乏解決孩子問題的能力

孩子出現了問題，愛嘮叨的父母往往缺乏解決問題的能力，所以想要透過嘮叨來讓孩子覺得父母是在盡責。這種方法不僅難以達到預定的效果，同時還會造成更加不良的影響。

▎父母沒耐心傾聽孩子的話，習慣於自身的思維邏輯

父母總是按照成人世界的法則來判斷孩子行為的對錯，完全沒有從孩子的視角去看待孩子的發展。不去傾聽孩子的想法，只會嘮叨事情的結果，這樣的做法往往會讓親子關係更加惡化。

當你面對嘮叨的「祥林嫂」
——嘮叨沒完的人，果斷拒絕是唯一的方法

■ 父母的控制欲太強，嘮叨是主要表現形式

每個父母的出發點都是為了孩子好，但具體在表現形式上，嘮叨卻是一種最為錯誤的方法。父母希望孩子能夠聽從自己的嘮叨，目的是為了孩子好，但實質上是在控制孩子，讓孩子失去自主性。

在親子關係之中，父母對子女的嘮叨是十分常見的，同時也是較難處理的。面對父母的嘮叨，作為子女似乎沒有什麼合適的理由去拒絕，因為再嘮叨、再過激的話語也都是父母對子女的愛的一種表現形式。即使如此，如果父母認識不到這種嘮叨所產生的不良影響，子女也應該果斷採取行動，這裡所說的採取行動並不是直接跟父母對著幹，而是使用一種婉轉曲折的方式「拒絕」掉父母的嘮叨。

在面對父母的不停嘮叨時，指出父母話語中的漏洞是一個不錯的方法，但很多時候，這種漏洞又會被父母的嘮叨所掩蓋下去。嘮叨作為父母負面情緒的一種宣洩，孩子們並不需要全盤接受，當然也不能夠全盤否決。接受一部分，然後適時中斷掉父母的嘮叨。

當然，嘮叨並不只出現在親子關係之中，熟人之間、陌生人之間在溝通過程中也會出現嘮叨的情況。

在上班路上，你專心致志地坐在捷運上看著電子書，有個人突然拍了你一下。原來是熟人A，熟人A因為已經一週沒有

第六章　怎樣化解他人的語言暴力

見到你了，果斷關掉你的手機，拉著你的手攀談起來：「你說最近北部空汙怎麼這麼嚴重啊，東部可好多了，我之前去過，哦，你是花蓮人吧，那你應該知道好不好啊……」

你完全摸不清熟人A想要和你聊些什麼，難道他最終的目的是借錢？一直聽了20多分鐘，你依然沒有聽懂熟人A想要表達什麼。但再過一站你就下車了，誰知道熟人A又換了另一個話題：「你上班不急吧？不急我們可以去我公司樓下坐坐，還有三站就到了，到時候我再開車送你，見到你真是太高興了……」

沒有人會喜歡遇到這種狀況，已經到了下車時間的你應該怎麼選擇呢？拒絕熟人A的邀請會不會傷了感情，不拒絕熟人A的邀請他會不會提到借錢？其實，你沒有必要考慮這麼多，果斷拒絕邀請，結束掉這段遙遙無期的對談是最好的選擇。

大多數人會礙於面子而不好意思中斷對方的談話，如果是正常的日常交流，打斷對方自然是不好的。但如果正常的交流轉變成了無盡的嘮叨，及早打斷對方的談話才是最為明智的選擇。可能這或多或少會「犧牲」一些感情，但更多的你會為生命贏得寶貴的時間。

不用你取笑我，我先取笑我自己
—— 面對嘲諷，懂得用自嘲來應對

> **反暴力溝通箴言**
>
> 　　再堅實的牆也不能抵擋住所有風雨，再正直的人也會遭到惡語的中傷。面對外界的冷嘲熱諷，默默承受和奮起反抗都不是最好的解決辦法。面對嘲諷，懂得用自嘲來應對的人才是真正的智者。

　　黃渤的成功來自他精采的演技，這種演技不僅展現在他的每一部電影之中，也展現於他生活中的「演技」。生活就是一場大秀，每個人都是其中的演員，不同的人有不同的角色，不同的角色需要演好不同的戲。作為明星，黃渤在生活中的戲顯然要比一般人難演，而作為一個並不那麼帥氣的明星，黃渤想要演好生活這場大戲的難度要高更多。

　　在一次活動中，黃渤被眾多記者圍繞，一位記者向黃渤問道：「你覺得自己是帥哥嗎？」面對這樣突如其來的問題，黃渤稍微愣了一下，在短暫停頓之後，黃渤微笑著說道：「我怎麼聽你這問題像是在罵人呢？」

　　黃渤的話一出口，四周的記者全都笑了起來，就連提問的記者也笑了起來。

第六章　怎樣化解他人的語言暴力

黃渤是個幽默的人，更是一個善於自嘲的人，與其他男明星相比，從長相上來看，黃渤並不是什麼帥哥。所以如果有人用帥哥這樣的字眼來提問的時候，難免會有一些嘲諷的意味在裡面，這時候作為明星的黃渤可以有多種選擇來讓自己遠離這種嘲諷。

▌不去理會提出這種問題的記者

作為明星確實有做這種選擇的權利，如果問題涉及隱私方面，當然不需要去回答。回答記者問題是明星的自由權利，拒絕回答問題同樣也是明星的自由權利。

▌譴責提出這種問題的記者

面對記者不懷好意的問題，明星可以用一個眼神或一句話進行嚴厲的回擊。畢竟這侵犯到了自己的個人名譽，提出這種問題的記者確實應該遭到譴責。但如果明星當眾選擇回擊的話，就會顯得有些不夠大度。

▌直接回答記者的提問

雖然記者的提問不懷好意，但明星如果看得開的話也可以痛快回應這個問題。美和醜這種東西每個人都有不同的看法，美又怎麼樣，醜又怎麼樣，面對慘淡的人生又能怎樣。

▌透過機智化解嘲諷

高情商的明星在面對刻意刁難的時候，最好的辦法是透過

> 不用你取笑我，我先取笑我自己
> ——面對嘲諷，懂得用自嘲來應對

幽默的語言來化解這種刁難和嘲諷。

既然對方想要取笑我們，我先自己取笑自己，這有一點走別人的路，讓別人無路可走的感覺，從效果上來看，卻是非常明顯的。黃渤在面對記者「不懷好意」的提問時用幽默的自嘲化解了尷尬的局面，既沒有讓自己受到傷害，也沒有將矛頭指向提問者，可以說是最好的一種解決問題的方法。

很多人認為自嘲是因為對自己不自信，但實際上勇於自嘲的人往往正是那些自信的人。嘲諷別人的人往往是沒有自信，想要透過貶低別人的方式來尋找自信的人。黃渤善於自嘲，那是因為他對自己的自信，因為在自己的專業方面他可以做到最好，這是其他人，也是那些嘲笑他的人所無法達到的。

魯迅曾寫過一首名為〈自嘲〉的詩：「運交華蓋欲何求，未敢翻身已碰頭。破帽遮顏過鬧市，漏船載酒泛中流。橫眉冷對千夫指，俯首甘為孺子牛。躲進小樓成一統，管他冬夏與春秋。」

魯迅用碰頭、破帽、漏船等來調侃自己，不僅暗暗諷刺了當時社會的黑暗，表達了知識分子遭到打壓的社會現實，同時也排遣了自己的憂愁。魯迅作為一代文豪，都能拿自己隨便調侃，更何況一般人呢，正是因為自信，魯迅用自嘲來回擊外界的黑暗。

著名的小品表演藝術家潘長江因為身材矮小，時常被人調侃為「矮冬瓜」，但對於外界的這種調侃，他卻並沒有真正放在

263

第六章　怎樣化解他人的語言暴力

心上。不僅如此，他還時常拿自己的身高來開玩笑，他那句「濃縮的都是精華」更是成為眾多小個子同胞回擊外界調侃的至理名言。

面對外界的嘲諷，莽漢會選擇用拳頭回擊，傻瓜則會沉默不語，只有聰明人才懂得用自嘲予以回擊。在溝通過程中，我們並無意嘲諷別人，但卻不小心將矛頭指向了別人，如果對方選擇以自嘲的方式進行回應，我們就不應該再繼續隨聲附和，這樣不僅不能夠起到緩和氣氛的作用，往往還會起到相反的效果。

2007年1月，白岩松為「廣東十大金牌主持人大賽」做評委。當時，第七組選手抽到的辯題，正方觀點是「能力比學歷重要」，反方是「學歷比能力重要」。兩方選手你來我往，相持不下，氣氛一度有些緊張。

這時候，白岩松站出來自嘲道：「當我一個人時，我堅持能力比學歷重要，因為我只是本科畢業；當我和我老婆在一起時，我就堅持學歷比能力重要，因為我老婆是碩士研究所畢業。」這段話很妙，立刻引來現場一片哄堂大笑，氣氛也一下子輕鬆起來。

還有一次，白岩松在接受採訪的時候，節目現場正好放映了一段白岩松第一次主持《東方時空》的畫面。

當時，儘管主持人再三告訴大家「一定要做好心理準備」，但畫面出來後，現場還是一片驚訝和歡笑。因為當時的白岩松形象確實欠佳，他身形瘦削，還穿了一套不合身的西裝，配上

> 不用你取笑我，我先取笑我自己
> ——面對嘲諷，懂得用自嘲來應對

一副超大鏡框的眼鏡，看上去很是「雷人」……

片花放完後，白岩松自己也被當年「不堪回首」的形象驚呆了。但他仍然不忘自嘲一把，他自信滿懷地自我調侃道：「我以為看的是喜劇呢，回頭一看是恐怖片。那是我體重最慘的時候，110多斤（55公斤），我現在160多斤（80多公斤），多了一袋子面。我覺得自己以前長得非常尖銳，現在長得善良多了，而且比以前好看多了。」

一番話說完，現場爆發雷鳴般熱烈的掌聲。

自嘲是自信的一種表現，但並不是所有的自嘲都是充滿自信的表現，還有很多自嘲是為了維護自己的自尊，給自己找一個臺階下，自嘲的目的是讓自己得到安慰。如果這個時候，其他人再隨意附和自嘲者的言論的話，就容易對自嘲者造成第二次的傷害。這種出於維護自己自尊的自嘲，相對於自信的自嘲更像是一種假自嘲，但很多時候、很多場合，這種假自嘲也是有意義的。

想要熟練運用自嘲這個技巧並不簡單，只有具備下面幾個條件之後，我們才能更好地應用自嘲來化解他人的嘲諷：

▎自嘲者要有足夠的自信

自信可以說是自嘲的一個重要前提，沒有足夠自信的人是不會拿自己的缺點開玩笑的。只有真正自信的人，才能夠認識到自己的不足，也才能夠坦然面對自己的不足。而當別人用這

第六章　怎樣化解他人的語言暴力

種缺點來嘲笑他們時，擁有足夠自信的人並不會惱羞成怒，他們反而會用這種不足來開自己的玩笑，以化解對方的嘲諷。

自嘲者要有充分的自知

自知和自信是相輔相成的，只有擁有了自知，才能發現自己身上的缺點。只有先於別人發現自己的缺點，才能更好地利用這個缺點進行自嘲。在任何時候，自知都是一項優秀的特質。

自嘲者要放下一些自尊

即使是自嘲，也是一件傷自尊的事情，但如果連這一點自尊都不肯放下的話，那就很容易丟掉更大的自尊。每個人都有缺點，一味掩蓋自己缺點的人是沒有辦法用自己的缺點來開玩笑的，更不要說自嘲了。

自嘲是一種生活的態度，它既不是自輕自賤，也不是自取其辱。自嘲雖然是在曝光自己的缺點，但更多的也是一種自我保護、自我調節。當面對嘲諷的時候，適時控制一下自己的血壓，壓制一下自己的脾氣，收回自己的拳頭，轉動自己的大腦，用機智的自嘲來巧妙化解尷尬，能做到這一點才能演好生活這場大戲，讓人生充滿活力。

反暴力溝通，就是要找準「興趣點」
── 並不是所有溝通都能說到對方的心坎上

> **反暴力溝通箴言**
>
> 在溝通過程中，一定要獲取更多的興趣點，圍繞對方的興趣點進行交談，才能開啟對方的心扉。

想要在溝通過程中，把話說到對方的心坎上，就一定要找準話題，想方設法地獲取對方更多的興趣點。如此一來，你無論和什麼人交談，都能做到談笑風生，好像有說不完的話一般。

美國前總統老羅斯福就是這樣的人。他掌握了這種高超的語言技巧，無論是政客還是士兵，無論是牛仔還是外交官，只要是跟羅斯福交談的人，每個都笑逐顏開、心滿意足。

所有人都被老羅斯福的語言魅力所傾倒，所有人都覺得跟他相見恨晚。那麼，老羅斯福究竟是怎樣做到這一點的呢？

其實，老羅斯福為了找到合適的話題，會在客人要來拜訪之前，仔細研究對方的生平，並且用筆畫出對方值得驕傲或很感興趣的點，然後精心設計一系列的溝通話題。這就是老羅斯福的溝通技巧。

生活中，不少店主都會抱怨自己的生意沒有別人家好，其實大家賣的東西都差不多，價格也差不多。導致差異最主要的

第六章　怎樣化解他人的語言暴力

原因,就是服務人員沒有掌握好與客戶溝通的技巧。

這些服務人員的溝通大多是枯燥敷衍,甚至連讚美也說得毫不走心,讓客戶對產品完全沒有興趣。如果你跟對方的溝通引不起對方的一丁點興趣,反而還讓對方心生反感,那你的生意肯定做不成。

要想讓溝通引起對方的注意,給對方留下好印象,就要在溝通過程中,注意「投其所好」。找準對方的興趣點,圍繞對方興趣點進行溝通,比什麼恭維都更重要。

張曼玉在一部電影中,飾演一位優秀的保險業務員。在她好不容易見到目標客戶後,對方卻只給她扔去一枚硬幣,並且相當不屑地說這是給她回家的路費。

當時,張曼玉飾演的保險員很生氣,轉身就要離開。但就在她轉頭要走的一瞬間,卻看見客戶的辦公室裡,掛了一張小孩的照片。於是,張曼玉飾演的保險員對小孩子的照片深深地鞠一躬,說了句「對不起,我幫不了你了」。

這下子,輪到客戶大為驚訝了。他忙問保險員為何如此說話,保險員趁機跟他講了保險的例子,然後講了買保險的好處。於是,她頭一單生意就這麼談成了。

原來,這位保險員早就看出這個客戶最喜愛他的兒子,所以把兒子的照片掛在辦公室裡,每天看都看不夠。張曼玉飾演的保險員就是抓住了客戶的「興趣點」,所以讓溝通順利地進行了下去。

反暴力溝通，就是要找準「興趣點」
——並不是所有溝通都能說到對方的心坎上

就像我們一直說的，「酒逢知己千杯少，話不投機半句多」。如果你聊的話題正好是對方感興趣的，或是對方擅長的，哪怕說個天昏地暗，對方也只會覺得意猶未盡。不管是做生意也好，與友人溝通也好，不要張口閉口都是自己感興趣的。弄清對方喜歡說什麼，喜歡聽什麼，在溝通方面來說也是十分重要的。

那麼，你在溝通過程中，應當如何找到對方感興趣的話題呢？

這點其實很簡單，第一要素就是「抬著」對方說話。即便是再淡泊名利的人，也喜歡別人對自己有很高的評價。我們在潛意識中，每個人都希望自己成為別人的談話中心，希望聽到別人對自己的讚美。所以，在與人溝通時，我們不妨多談論對方，少展示自己。

想要找到對方的興趣點，通常都是很容易的事。只要你有一雙善於發現的眼睛，在交談過程中察言觀色，有條件的時候，還可以像羅斯福那樣做好事前調查，根據對方的喜好決定你們的溝通話題。

畢竟，知己知彼才能百戰不殆。

著名的賭城拉斯維加斯有家麵包店很出名，在這家麵包店創業初期，老闆懷特先生一直嘗試著，想把自己的麵包賣給賭城最有名的國際飯店。

為了達成這筆生意，懷特先生幾乎在賭城跑斷了腿。他常

第六章 怎樣化解他人的語言暴力

年給國際飯店的經理致電問候,而且努力想融入對方的社交圈。這種有些招人反感的方式當然宣告失敗。

但是懷特先生沒有放棄。他反思了一段時間,決定要改變自己的策略。

懷特先生派人調查了很久,才發現這家國際飯店的經理是「美國國際招待者」組織的主席,而且每年組織聚會時,他都會積極參加活動,從未缺席。

懷特先生暗暗打定了主意,於是想方設法加入了這個組織,並且透過會員的身分,跟經理親切地交談。他真誠地向對方請教了各種有關飯店的問題,對方一一做出了熱心的回答。

不久,兩人就成了無話不談的好朋友。

一段時間後,該飯店的廚師長打電話給懷特先生,讓他把麵包的樣品和價格送到飯店後廚來,懷特先生也成功地談下了這筆生意。

我們在與人溝通、與人結交的過程中,找準對方的「話題興趣點」是非常重要的。聰明人都知道如何投其所好,知道如何找準對方感興趣的話題。只有贏得對方的好感,才能達到自己的溝通目的。

為此,掌握各種知識也是相當重要的。還是拿羅斯福舉例,如果他是一個學識淺薄、目光短淺、心胸狹窄的人,那就算他之前做過無數調查,也達不到其期望的溝通效果。

> 反暴力溝通，就是要找準「興趣點」
> ——並不是所有溝通都能說到對方的心坎上

那麼，如何找準對方「興趣點」，進行有效溝通呢？其方法主要有以下三點：

讀書要「博愛」

我們在生活中，一直強調學東西在精不在多，但溝通卻與之截然相反。讀書要「博愛」的意思，就是讓你對各門各類的知識都了解一點，不但要多看文學方面的書，科學、歷史、地理、音樂、自然等書都要有所接觸。

這些書本數據，無一不是日後的談資，都可以為你日後的溝通創造話題。不要局限自己的讀書範圍，就像蜜蜂採蜜一樣，如果只在一朵花上徘徊，就算給牠一年的時間，牠又能採來多少蜜呢？

學識豐富的人，在任何場合都能做到駕輕就熟，不管是「風花雪月」還是「柴米油鹽」，他們都能信手拈來、暢所欲言，張嘴就是有哲理的金句，而只對自己專業熟悉，對其他事情一竅不通的人，在溝通中往往只能緘口不言。

有意識地開闊眼界

目光短淺的人，說出來的話注定是毫無營養，甚至讓人發笑。

春秋時期，一個渾身穿綠衣服的男子前來拜訪孔子，孔子不在，他的弟子接待了綠衣男子。綠衣男子說：「你是孔子的弟子，想必眼界相當開闊，學識相當豐富了？」

第六章　怎樣化解他人的語言暴力

孔子的弟子謙虛道：「一般，一般。」

綠衣男子說：「我有個問題，一年有幾個季節呢？」

孔子的弟子說：「四季。」

沒想到綠衣男子當場嗤笑，說：「一年明明只有三季。」孔子的弟子不服，二人爭辯起來。

待孔子回來後，綠衣男子和孔子的弟子找他問答案。孔子看了一眼綠衣男子，說：「一年只有三季。」

孔子的弟子當場認輸。事後，他問孔子：「老師，一年明明有四季，為何要說三季？」

孔子說：「他一身翠綠，是蝗蟲，蝗蟲是夏蟲，沒見過冬季。」

試想，一個人即便受過很好的教育，而且出身高貴，卻絲毫不肯開闊眼界，認為自己知道的那點東西就是全宇宙的知識，和這樣的人溝通也就失去了意義。

▎提高自己的說話水準

說話水準的高低，其實也跟你的知識儲備量息息相關。如果你對某方面不擅長、不熟悉，那你遇到這類話題就只能乾瞪眼了；如果你涉獵廣泛，那麼你在任何場合都可以發表自己的見解，讓對方刮目相看。

當然，也有人讀書「博愛」，但到了溝通的時候卻說不出來。這種時候，提高自己的語言技巧就相當重要了。你不妨把

> 反暴力溝通，就是要找準「興趣點」
> ——並不是所有溝通都能說到對方的心坎上

感興趣或擅長的話題拋給對方，引導對方說出對方感興趣且擅長的問題，然後以解答者的姿態與人溝通。

溝通的意義就在於有效，而有效的溝通最重要的是讓對方感興趣，這樣才能讓你的溝通事半功倍。

國家圖書館出版品預行編目資料

反擊暴力溝通！用溫柔堅定的表達重建友善對話：求同存異 × 幽默自嘲 × 表情輔助，給彼此理解時間，停止互相傷害，增加合作成功率 / 陳玉新 著 . -- 第一版 . -- 臺北市：樂律文化事業有限公司，2024.10
面；　公分
POD 版
ISBN 978-626-7552-55-1(平裝)
1.CST: 人際傳播 2.CST: 溝通技巧 3.CST: 說話藝術
177.1　　113015712

反擊暴力溝通！用溫柔堅定的表達重建友善對話：求同存異 × 幽默自嘲 × 表情輔助，給彼此理解時間，停止互相傷害，增加合作成功率

作　　者：陳玉新
責任編輯：高惠娟
發 行 人：黃振庭
出　版　者：樂律文化事業有限公司
發　行　者：崧博出版事業有限公司
E - m a i l：sonbookservice@gmail.com
粉 絲 頁：https://www.facebook.com/sonbookss/
網　　址：https://sonbook.net/
地　　址：台北市中正區重慶南路一段 61 號 8 樓
8F., No.61, Sec. 1, Chongqing S. Rd., Zhongzheng Dist., Taipei City 100, Taiwan
電　　話：(02) 2370-3310　　傳　　真：(02) 2388-1990
律師顧問：廣華律師事務所 張珮琦律師
定　　價：375 元
發行日期：2024 年 10 月第一版
◎本書以 POD 印製
Design Assets from Freepik.com